Unendlichkeit & Tiefenrausch

IMPRESSUM

Verlagsleitung
Markus Plötz

Redaktion
Nikolai Hoch

Regelredaktion
Nikolai Hoch, Alex Spohr

Autoren
Julian Härtl, Nikolai Hoch, Philipp Neitzel und Alex Spohr
mit Beiträgen von Jens Ullrich

Lektorat
Johannes Kaub, Thosten Most, Josch K. Zahradnik

Korrektorat
Julian Härtl

Künstlerische Leitung
Nadine Schäkel

Coverbild
Klaus Scherwinski, Luisa Preißler

Satz, Layout & Gestaltung
Nadine Hoffmann, Thomas Michalski

Layoutdesign
Thomas Michalski, Nadine Schäkel, Patrick Soeder

Innenillustrationen & Pläne
Helge C. Balzer, Dmitry Borod, Steffen Brand, Fífa Finnsdottir, Florian Häckh, Nikolai Ostertag,
Nathaniel Park, Nadine Schäkel, Sebastian Watzlawek, Karin Wittig, Maurice Wrede, Malte Zirbel,

ISBN 978-3-96331-125-3
Printed in EU 2018

Mit Dank an Zoe Adamietz, Dominic Hladek, Lukas Keese, Hadmar von Wieser, Anton Weste und alle Unterstützer des Havena-Crowdfundings, ohne deren Vertrauen diese Spielhilfe nicht entstanden wäre.

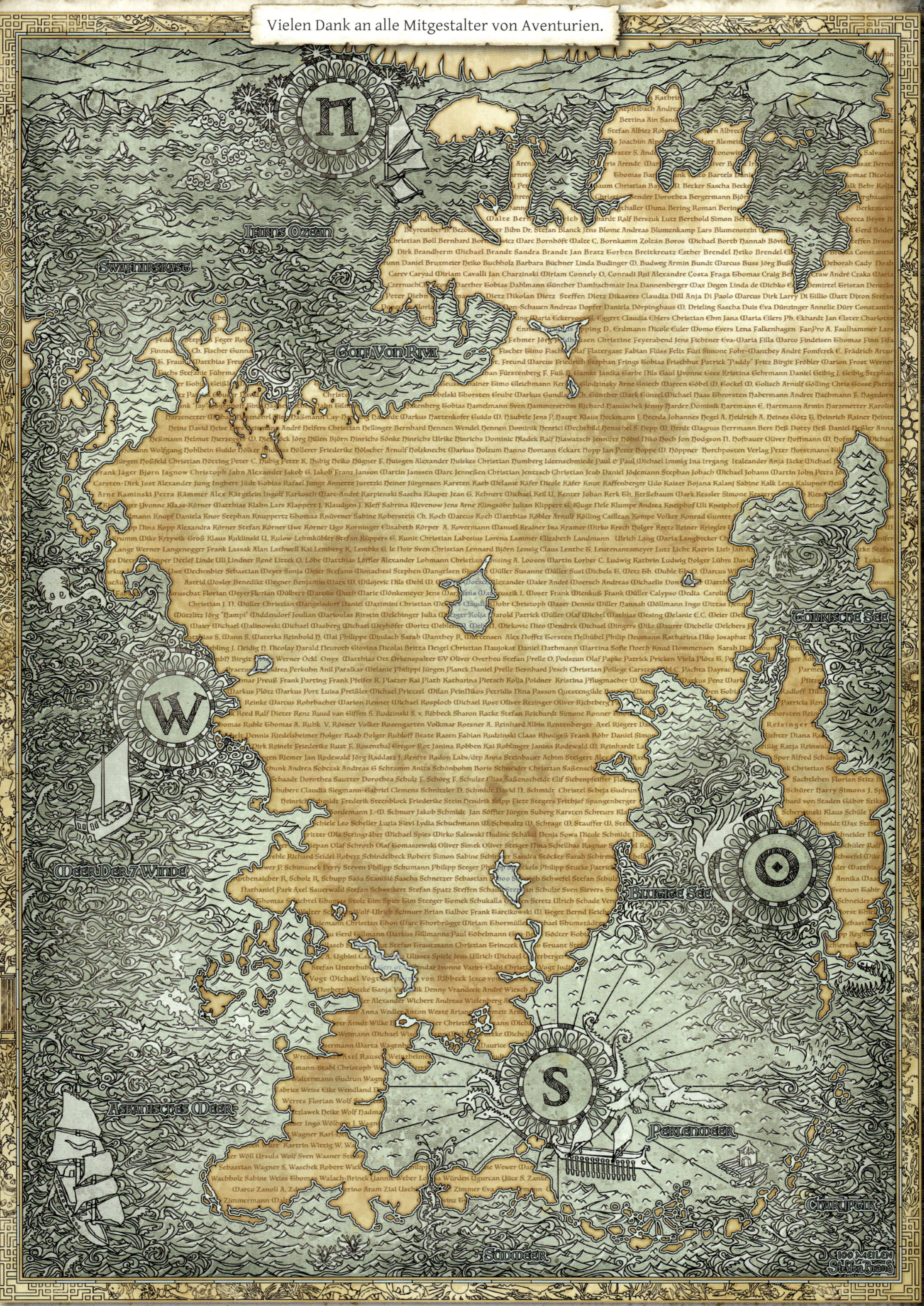
Vielen Dank an alle Mitgestalter von Aventurien.
Ifirns Ozean
Golf von Riva
Perlenmeer
Südmeer

Inhaltsverzeichnis

Vorwort

Die Meeresgötter (alle) zum Gruß! Diese Spielhilfe ist eine Ergänzung zu Havena – Versunkene Geheimnisse und bietet dir zusätzliches Spielmaterial für spannende Abenteuer in und um die traditionsreiche Hafenstadt – und darüber hinaus.
Mit dem Bestiarium der Unterstadt könnt ihr eure Ausflüge in die Havener Unterstadt noch spannender und gefährlicher gestalten. Im Vorfeld solcher Ausflüge solltet ihr eure Helden jedoch mit den Ausrüstungspaketen aus der Rüstkammer der Schatzsucher und Kultisten wappnen. Für den Spielleiter sind die Ausrüstungspakete für Gardisten und Kultisten eine praktische Hilfe, wenn mal wieder die Frage aufkommt, was diese denn alles so dabeihaben.
Mit dem Kapitel Der Kult des Numinoru bieten wir euch alles, was ihr benötigt, um einen verborgenen Numinorupriester als Spielerheld oder Antagonist ins Abenteuer zu führen – vom Professionspaket, über die Tradition (Numinorukult) als Sonderfertigkeit, ein Traditionsartefakt bis zu einer Auswahl an Liturgien und Zeremonien.
Der Pakt mit Charyptoroth hingegen enthält einen ersten Ausblick auf die Regeln zu Dämonenpakten und Paktgeschenken und widmet sich den Anhängern der Herzogin der Nachtblauen Tiefen. Unendlichkeit & Tiefenrausch schließt mit zwei inneraventurischen Quellen zu Numinoru und Charyptoroth – zwei Beweisstücke, die ihr direkt am Spieltisch als Handout benutzen könnt, um einen Bösewicht zu überführen, haben leider nicht mehr ins Layout der letzten Seite gepasst, weshalb wir sie direkt auf dieser Seite untergebracht haben.

Viel Spaß in den Ruinen der Unterstadt, und lasst euch von charyptiden Schrecken und finsteren Kultisten nicht nassmachen!

—Nikolai Hoch (für die Redaktion)
An einem sonnigen Septembertag in Waldems, 2018

»Numinoru mit dir.
Es ist so weit. Deine Zeit des Lauschens ist vorüber. Du bist bereit, zu spüren. Deine Taten sprechen für dich, mit der Zurückführung des Efferdtempels in den Schoß des wahren Glaubens hast du deine Aufrichtigkeit bewiesen. Bald wirst du Teil des großen Ganzen sein, ein Fluss im Mahlstrom der Zukunft. Nun habe Geduld. Dein Schicksal ist vorbestimmt.
Die Wasser sind ewig.«

»Die Tiefe zum Gruße,
ich bin froh, dass du zur Besinnung gekommen bist. Ich verstehe, dass die Verlockungen der Diener des Widersachers groß sind. Wo sie im Licht dahinfaulen, müssen wir im Schatten wandeln. Aber denke daran: Eines Tages wird die Unterdrückung ein Ende haben und die See wird befreit sein von Tyrannei. Es wird die Stunde kommen, da wir uns erheben wie die Flut selbst. Unsere Worte werden in ihren Ohren dröhnen, bis sie ihnen bluten wie unter dem Druck des Meerwassers. Unsere Klingen werden die Lungen der Falschgläubigen mit Blut füllen, bis sie am eigenen Lebenssaft ertrinken. Unser Glaube wird der Grundstein ihres Untergangs sein. Charyb'Yzz leitet uns. Charyb'Yzz hütet uns. Vertraue auf Charyb'Yzz, denn Charyb'Yzz hat Vertrauen in dich.
Es ist gut, dass du Teil unserer Mannschaft bist. Ich umarme dich!«

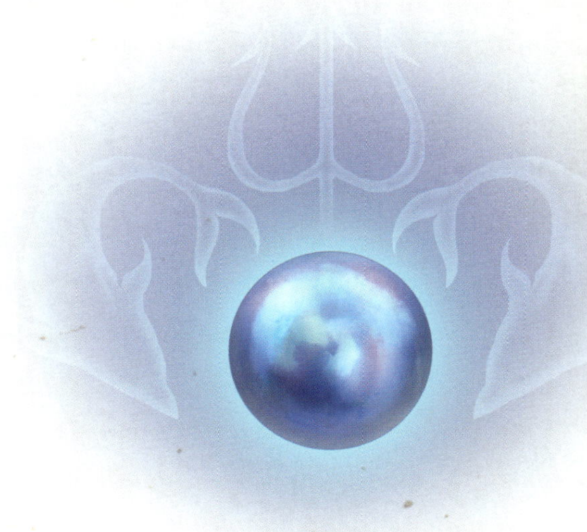

BESTIARIUM DER UNTERSTADT

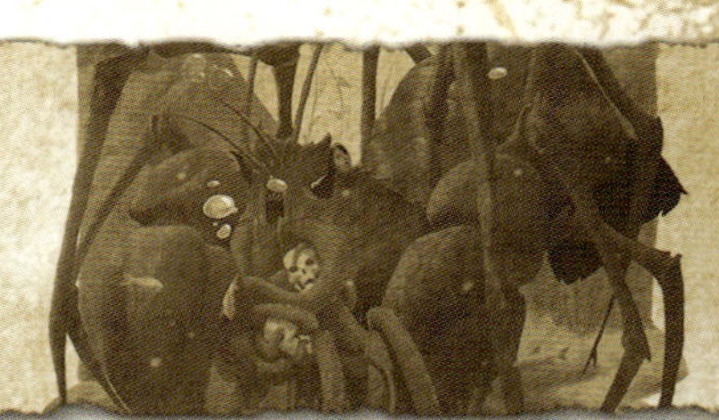

Blauling

Die schillernden Blaulinge, auch bekannt als die Ikanaria-Schmetterlinge der Meere, sind eine begehrte Spezialität in den Küchen Havenas und werden zudem einzeln oder als Paar als Zierfische gehalten. Sie sind von wunderschöner Gestalt, werden nur wenige Halbfinger groß und leuchten in einem angenehmen blauen Licht, das ein Schatzsucher auch für den Schein eines Gwen Petryls halten mag.

Die Blaulinge sind im Grunde weder aggressiv noch bösartig, vielmehr sind sie neugierig und schwimmen arglos auf Kulturschaffende zu. Allerdings besitzen sie eine intuitive Art der Magie, die sie unbeabsichtigt wirken, sobald sich ein Kulturschaffender nähert. Ihr Leuchten bringt den Taucher dazu, alles um sich herum zu vergessen. In einem Anflug von Begeisterung folgt er dem Blaulingsschwarm in die Tiefen der Meere, ohne zu bemerken, dass ihm die Luft ausgeht. Die Magie der Blaulinge ist zu schwach, um eine Bedrohung darzustellen, wenn man nur einen einzelnen Fisch leuchten sieht, aber sie wird intensiver, je größer der Schwarm ist, und sie kann dann sogar stärker sein als die Kräfte eines Ikanaria-Schmetterlings.

Necker werden von der Magie der Blaulinge verschont, vor Zwergen scheinen sich die kleinen Fische hingegen zu fürchten, weshalb sie flüchten, sobald sie einen wahrnehmen.

Geisterqualle

Seit einigen Monaten taucht an der Siebenwindküste, vor allem aber rund um Havena, eine bislang unbekannte Quallenart auf, die von den Einheimischen mittlerweile „Geisterqualle“ getauft wurde. Die Geisterqualle ist etwa zwei Schritt lang und ihr Körper so durchscheinend, dass ein unbedachter Taucher sie meist erst bemerkt, wenn es bereits zu spät ist. Anders als andere Quallen versucht

Blauling
Größe: 0,05 bis 0,06 Schritt
Gewicht: 0,10 bis 0,12 Stein
MU 12 **KL** 10 (t) **IN** 14 **CH** 16
FF 11 **GE** 16 **KO** 10 **KK** 9 (k)
LeP 1 **AsP** 8 **KaP** – **INI** 13+1W6
VW 10 **SK** 2 **ZK** –2 **GS** 12
RS/BE: 0/0
Aktionen: 1
Vorteile/Nachteile: Dunkelsicht II, Wasserlebewesen / Angst vor Zwergen III
Sonderfertigkeiten: Unterwasserkampf
Talente: Betören 10, Einschüchtern 0, Körperbeherrschung 4, Kraftakt 2, Schwimmen 11, Selbstbeherrschung 5, Sinnesschärfe 7, Verbergen 2, Willenskraft 3
Anzahl: 1, 2 oder 5W6 (Schwarm)
Größenkategorie: winzig
Typus: übernatürliches Wesen, nicht humanoid
Beute: 0,1 Rationen
Kampfverhalten: Blaulinge kämpfen nicht, sie fliehen beim ersten Anzeichen von Ärger
Flucht: beim ersten Anzeichen von Ärger
Schmerz +1 bei: egal, da sofort tot
Fischen & Angeln (Salzwassertiere) oder Magiekunde (Magische Wesen):

- QS 1: Blaulinge sind wunderschöne Fische, die meistens in Schwärmen auftreten und faszinierend blau leuchten.
- QS 2: Sie sind eigentlich harmlos, aber durch ihr blaues Leuchten ziehen sie Taucher an und führen sie in ihr Verderben.
- QS 3+: Blaulinge scheinen über eine ähnliche intuitive magische Fähigkeit wie die Ikanaria-Schmetterlinge zu verfügen. Sie verwirren den Geist ihres Opfers, und es folgt ihnen in die Tiefen des Meeres. Je größer der Schwarm ist, desto schwieriger ist es, dem Leuchten zu widerstehen.

Jagd: –1
Sonderregeln:
Im Bann der Schönheit: Wer einen Blaulingsschwarm (mindestens bestehend aus der Grundgröße 5) betrachtet, muss eine Vergleichsprobe zwischen *Betören* der Blaulinge und *Willenskraft (Betören widerstehen)* bestehen. Ab 10 Fischen und dann jeweils bei einem weiteren Vielfachen der Grundgröße ist die Probe auf *Willenskraft* um 1 erschwert (ab 10 Fischen um 1, ab 15 Fischen um 2 usw.). Gewinnt der Schwarm die Probe, bringt jede Netto-QS dem Betrachter 1 Stufe *Verwirrung* ein, und das Opfer folgt dem Schwarm, ohne weiter auf seine Umgebung zu achten. Der Bann endet nach 1 Stunde, und die *Verwirrung* baut sich pro Stunde um 1 Stufe ab, sofern der Schwarm nicht mehr in der Nähe ist. Durch Ohrfeigen, heftiges Rütteln des Opfers oder **Ähnliches kann der** Bann ebenfalls beendet werden, auch wenn die *Verwirrung* bestehen bleibt. Der Einsatz kostet jeden Blauling des Schwarms jeweils 1 AsP pro Person und Stunde.
Schwarm: Blaulinge sind kleine Schwarmwesen (Grundgröße 5).

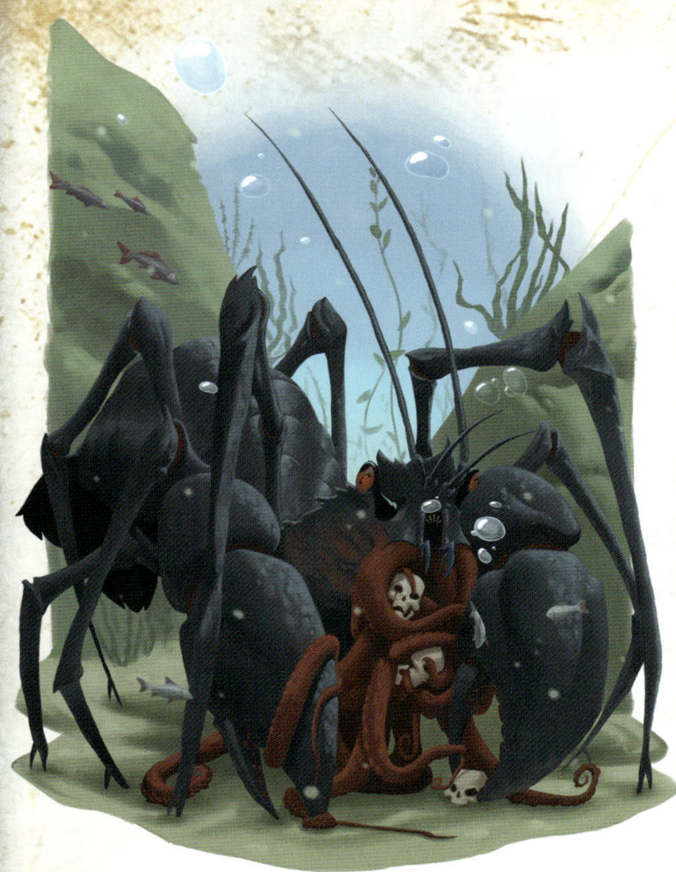

die Geisterqualle, falls ein Kulturschaffender sich in ihrer Nähe befindet und sie ihn bemerkt, diesen gezielt anzusteuern, um ihn zu berühren. Da Geisterquallen oft in kleinen Schwärmen auftreten, kann es schnell passieren, dass sich gleich ein halbes Dutzend dieser Wesen auf einen Menschen stürzen, ihn mit ihrem Nesselgift lähmen und langsam zersetzen.
Unter Numinoru-Kultisten gilt die Geisterqualle als ein Sendbote ihres Gottes. Die wagemutigsten Anhänger des Meeresgottes versuchen hin und wieder, Geisterquallen einzufangen, um deren Gift zu extrahieren.

Panzerkrebs

Panzerkrebse zählen, ähnlich wie Bleichmuränen, zum daimoniden Gefolge der Charyptoroth. Anfangs sind Panzerkrebse klein und sehen einem gewöhnlichen Flusskrebs nicht unähnlich. Doch wachsen sie im Laufe von 7 Jahren zu ihrer vollständigen Größe heran, und die Bürger Havenas können froh sein, dass die meisten Panzerkrebse vor dieser Zeit von anderen Bewohnern der Unterstadt gefressen werden. Schon ein vierjähriger Panzerkrebs ist ein schrecklicher Gegner, dessen Panzer kaum zu knacken ist; ein Krebs, der voll ausgewachsen ist, stellt eine Bedrohung dar, die für einen Taucher in der Unterstadt schnell das Ende bedeuten kann.

Geisterqualle
Größe: 2,00 bis 2,50 Schritt
Gewicht: 70 bis 80 Stein
MU 20 **KL** 5 (t) **IN** 15 **CH** 10
FF 12 **GE** 13 **KO** 13 **KK** 14
LeP 28 **AsP** – **KaP** – **INI** 4+1W6
VW 0 **SK** 4 **ZK** 1 **GS** 4
Nesseln: AT 8 **TP** 1W6+1(+Gift)* **RW** mittel
RS/BE: 0/0
Aktionen: 1
Vorteile/Nachteile: Dunkelsicht II, Wasserlebewesen
Sonderfertigkeiten: Angriff auf ungeschützte Stellen (Nesseln), Klammergriff (Nesseln), Unterwasserkampf
Talente: Einschüchtern 6, Körperbeherrschung 2, Kraftakt 6, Schwimmen 6, Selbstbeherrschung 18, Sinnesschärfe 12, Verbergen 16, Willenskraft 16
Anzahl: 1 oder 2W6 (Quallenschwarm)
Größenkategorie: mittel
Typus: Tier, nicht humanoid
Beute: 5 Rationen (ungenießbar), Gift
Kampfverhalten: Geisterquallen versuchen sich ihrer Beute unbemerkt zu nähern, und sie in einen Klammergriff zu nehmen. Als Beute kommen nur Wesen der Größenkategorie *mittel* oder kleiner infrage.
Flucht: eine Geisterqualle flieht nicht
Schmerz +1 bei: 21 LeP, 14 LeP, 7 LeP, 5 LeP oder weniger
Fischen & Angeln (Salzwassertiere oder Wasserungeheuer):

- QS 1: Eine Geisterqualle ist unter Wasser kaum zu bemerken.
- QS 2: Wenn ein Taucher sich vorsichtig bewegt, kann er eine Geisterqualle täuschen und bleibt so vor deren Angriff verschont.
- QS 3+: Das Gift einer Geisterqualle besitzt eine lähmende Wirkung, aber die Qualle wartet nicht erst, bis ihr Opfer gelähmt ist, sondern beginnt sofort, es mit einer Art Säure zu zersetzen.

Jagd: –3
Sonderregeln:
*) *Geisterquallengift:* Das Gift der Geisterqualle wirkt paralysierend. Der Schaden ist kumulativ.
Stufe: 5
Art: Kontakt- und Waffengift, tierisch
Widerstand: Zähigkeit
Wirkung: 1W3 SP, +1 *Paralyse* / 1W3 SP
Beginn: sofort
Dauer: bis zum Ende der paralysierenden Wirkung (30 Minuten pro Stufe des Zustands *Paralyse*)
Kosten: 200 Silbertaler
Sonderregeln:
Unbemerkt: Wenn ein Opfer sich in Angriffsdistanz zu einer Geisterqualle aufhält oder begibt, muss eine Vergleichsprobe zwischen *Verbergen* der Qualle und *Sinnesschärfe* des Opfers ablegt werden. Gewinnt die Geisterqualle die Vergleichsprobe, erleidet das Opfer den Status **Ü***berrascht*. Gewinnt das Opfer der Geisterqualle den Vergleich, kann es sich normal verteidigen oder versuchen zu entkommen.
Zersetzen: Sobald sich ein Gegner im Klammergriff befindet, beginnt die Geisterqualle, ihn zu zersetzen. Jede KR erleidet er dann 1 SP pro Geisterqualle, die ihn im Klammergriff hat. Hinzu kommt der Schaden durch die Nesseln und das Gift.

Panzerkrebs
Größe: 0,5 + (LA* x 0,50) Schritt, maximal 4,00 Schritt
Gewicht: LA x 50 Stein
MU 17 **KL** 8 (t) **IN** 15 **CH** 11
FF 12 **GE** 12 **KO** 10+(LA x 2) **KK** 14+LA
LeP 15 x LA **AsP** – **KaP** – **INI** 7+1W6
VW 0 **SK** 2 **ZK** LA **GS** 4
Scheren: **AT** 11 **TP** 1W6+2+LA **RW** kurz (LA 2), mittel (LA 3-4), lang (LA 5+)
RS/BE: LA/0
Aktionen: 1
Vorteile/Nachteile: Dunkelsicht II, Wasserlebewesen
Sonderfertigkeiten: Klammergriff (Scheren), Unterwasserkampf
Talente: Einschüchtern LA x 2, Körperbeherrschung 4, Kraftakt 2+(LA x 2), Schwimmen 6, Selbstbeherrschung 12, Sinnesschärfe 12, Verbergen (Größenkategorie klein 12, mittel 9, groß 4, riesig 0), Willenskraft 12
Anzahl: 1
Größenkategorie: klein (LA 2), mittel (LA 3-4), groß (LA 5-6), riesig (LA 7)
Typus: Daimonid, nicht humanoid
Beute: 50 x LA Rationen (ungenießbar)
Kampfverhalten: Panzerkrebse greifen nur Wesen an, die die gleiche Größenkategorie wie sie selbst oder eine kleinere Kategorie aufweisen. Ihr Opfer packen sie am liebsten mit einer Schere im Klammergriff und versuchen dann, es zu zerquetschen, bis sie ihr totes Opfer in Ruhe verspeisen können.
Flucht: Verlust von 50 **%** **der LeP**
Schmerz +1 bei: jeweils Verlust von 25 % / 50 % / 75 % der LeP / bei 5 LeP oder weniger
Fischen & Angeln (Wasserungeheuer) oder Magiekunde (Magische Wesen):

- QS 1: Panzerkrebse sind gefährliche Kreaturen, die sich meistens in der Unterstadt aufhalten, bisweilen aber auch an Land kommen und sogar schon im Delta des Großen Flusses gesichtet wurden.
- QS 2: Das Alter kann man an der Größe des Panzerkrebses feststellen. In den ersten Jahren sind sie noch recht klein, aber spätestens nach 7 Jahren haben sie die Größe eines Ochsen erreicht.
- QS 3+: Man sagt den Panzerkrebsen nach, dass sie durch den Einfluss der Erzdämonin Charyptoroth entstanden sind.

Jagd: –4
Sonderregeln:
*) *Je älter, desto schlimmer:* Ein Panzerkrebs hat ein Lebensalter (LA), das du zu Beginn mit 1W6+1 auswürfeln kannst. Das Lebensalter beeinflusst einige Werte.
Daimoniden-Regeln: Für Panzerkrebse gelten die allgemeinen Daimoniden-Regeln (siehe vordere Umschlag Innenseite).

Rirgit
Größe: 30 Schritt Rumpf + 24 Schritt Fangarme
Gewicht: 180.000 bis 200.000 Stein
MU 20 **KL** 10 (t) **IN** 15 **CH** 14
FF 10 **GE** 13 **KO** 30 **KK** 65
LeP 1.600 **AsP** – **KaP** – **INI** 8+1W6
VW 0 **SK** 7 **ZK** 10 **GS** 2/10 (an Land / im Wasser)
Biss: **AT** 8 **TP** 2W6+20 **RW** lang
Tentakel: **AT** 10 **TP** 2W6+17 **RW** lang
Trampeln: **AT** 6 **TP** 3W6+20 **RW** kurz
RS/BE: 4/0
Aktionen: 3 (maximal 1x Biss)
Vorteile/Nachteile: Dunkelsicht II, Wasserlebewesen
Sonderfertigkeiten: Klammergriff (Tentakel), Mächtiger Schlag (Tentakel), Schildspalter (Biss, Tentakel), Tentakelschwung, Trampeln (Trampeln), Unterwasserkampf, Verbeißen (Biss), Wuchtschlag I-III (Biss, Tentakel)
Talente: Einschüchtern 18, Körperbeherrschung 4, Kraftakt 18, Schwimmen 11, Selbstbeherrschung 17, Sinnesschärfe 7, Verbergen 2, Willenskraft 15
Anzahl: 1 oder 2 (Paarungszeit)
Größenkategorie: riesig
Typus: übernatürliches Wesen, nicht humanoid
Beute: 80 Rationen Fleisch pro abgetrenntem Tentakel (zäh), 22.000 Rationen Rumpffleisch (ungenießbar), Treibgut (im Verdauungstrakt; Wert: 1W6x3W20 Dukaten), eventuell (bei 1 auf W20) eine noch lebende, verschlungene Person
Kampfverhalten: Möchte ein Rirgit fressen, so versucht er, sein Opfer mit einem Klammerangriff zu packen und dann an sein Maul zu ziehen und zu beißen. Mit den übrigen Tentakeln greift er die Kampfgefährten seines Opfers an. Möchte ein Rirgit jemanden entführen, führt er unablässig Biss-Angriffe zum Verschlingen aus.
Flucht: individuell; ein Rirgit flieht nicht aus Angst oder Schmerz
Schmerz +1 bei: 1.200 LeP, 800 LeP, 400 LeP, 5 LeP oder weniger
Fischen & Angeln (Wasserungeheuer):

- QS 1: Diese grässlichen Ungeheuer können sich selbst mit einer Seeschlange messen.
- QS 2: Es gibt Berichte darüber, dass ein Rirgit einen Menschen komplett verschlingt und an einem fernen Ort wieder ausspuckt.
- QS 3+: Ihr Kopf ist extrem hart gepanzert, aber sie sind so zäh, dass selbst Angriffe gegen ihren Rumpf kaum eine Reaktion zeigen.

Jagd: –8
Sonderregeln:
Tentakel abschlagen: Um einem Rirgit ein Tentakel abzuschlagen, muss vor der Attacke ein Angriff auf das Tentakel angekündigt werden. Nur Waffen mit einer scharfen Klinge können ein Tentakel durchdringen. Dazu sind 40 SP notwendig, die innerhalb von 1 KR erzielt werden müssen, da man nach kurzer Zeit die angeschlagene Stelle des Fangarms nicht noch einmal treffen kann.
Unempfindliche Stelle: Am Kopf verfügt ein Rirgit über einen RS von 8.

Verschlingen: Ein Rirgit kann versuchen, ein Lebewesen komplett zu verschlingen. Dazu muss er einen um 4 erschwerten Biss-Angriff durchführen. Bei Gelingen dieses Angriffs kann das Opfer versuchen auszuweichen. Misslingt das Ausweichen, wird das Opfer verschlungen und erleidet nur 1W6 SP und den Status *Bewusstlos* für 2 Stunden (anstatt des üblichen Biss-Schadens). Ein Rirgit kann nur Lebewesen der Größenkategorie *groß* oder kleiner verschlingen.

Rochenwurm
Größe: 6,00 bis 10,00 Schritt
Gewicht: 700 bis 800 Stein
MU 14 **KL** 9 (t) **IN** 13 **CH** 12
FF 12 **GE** 14 **KO** 17 **KK** 15
LeP 70 **AsP** – **KaP** – **INI** 9+1W6
VW 4 **SK** 1 **ZK** 2 **GS** 2/9 (an Land / im Wasser)
Biss: AT 10 **TP** 1W6+5 **RW** nah
Schwanz: AT 10 **TP** 1W6+6 **RW** mittel
RS/BE: 3/0
Aktionen: 1
Vorteile/Nachteile: Dunkelsicht II, Wasserlebewesen
Sonderfertigkeiten: Angriff auf ungeschützte Stellen (Biss, Schwanz), Klammergriff (Schwanz), Schwanzschwung (Schwanz), Unterwasserkampf, Verbeißen (Biss)
Talente: Einschüchtern 6, Körperbeherrschung 6, Kraftakt 11, Schwimmen 8, Selbstbeherrschung 10, Sinnesschärfe 10, Verbergen 9, Willenskraft 7
Anzahl: 1 oder 2 (Paarungszeit)
Größenkategorie: groß
Typus: Tier, nicht humanoid
Beute: 350 Rationen Fleisch (ungenießbar), Haut (7 S)
Kampfverhalten: Rochenwürmer betrachten alle Lebewesen, die eine Größenkategorie von *mittel* oder kleiner aufweisen, als potenzielle Opfer. Befindet sich sein Opfer an Deck eines Bootes oder Schiffes, springt der Rochenwurm zunächst dorthin. Ein Rochenwurm bleibt 2W6 KR an Deck eines Bootes oder Schiffes, dann muss er wieder für dieselbe Anzahl KR ins Wasser. Ein umklammertes Opfer versucht er bei seiner Flucht mitzunehmen.
Flucht: bei *Schmerz II* oder wenn Verschleppen misslungen ist (siehe Sonderregeln)
Schmerz +1 bei: 53 LeP, 35 LeP, 18 LeP, 5 LeP oder weniger
Fischen & Angeln (Wasserungeheuer):

- QS 1: Rochenwürmer sind gefährlich und springen häufig auf ein Boot, um dort jemanden zu umschlingen.
- QS 2: Auf der Haut der Rochenwürmer befindet sich ein ätzendes Sekret.
- QS 3+: Wenn Rochenwürmer innerhalb von einigen Augenblicken an Deck eines Bootes keine Beute machen, springen wieder ins Wasser, um sich nach leichterer Beute umzuschauen.

Jagd: –3
Sonderregeln:
Empfindliche Stelle: An einer Stelle hat der Rochenwurm weniger RS: am Bauch RS 1.
Verschleppen: Der Rochenwurm versucht nach einiger Zeit (siehe Kampfverhalten) sein umklammertes Opfer ins Wasser zu verschleppen. Dazu muss ihm eine Vergleichsprobe auf *Kraftakt* gegen *Körperbeherrschung (Balance)* des Opfers gelingen. Diese Handlung ist eine freie Aktion, bei Misslingen lässt der Rochenwurm von seinem Opfer ab und flieht.
Zersetzen: Sobald sich ein Gegner im Klammergriff befindet, beginnt der Rochenwurm ihn mit einer Säure anzugreifen. Jede KR erleidet das Opfer dann 1W3 SP.

Rirgit

Ein Rirgit, auch Tiefenschlund genannt, ist ein kolossales Ungeheuer, welches die meisten Aventurier nur für eine Legende halten. Der Tiefenschlund ähnelt einem Molch oder Fisch, besitzt aber neben Flossen auch acht Fangarme. Das Scheusal lebt zwar im Wasser, allerdings kann es sich kurzzeitig auch an Land aufhalten und sich mit seinen quastenartigen Flossen fortbewegen. Es geht jedoch meist nur an Land, um dort einen passenden Ort für die Eiablage zu suchen, etwa eine Lagune oder einen See. Man sagt dem Tiefenschlund nach, Kulturschaffende bei lebendigem Leib zu verschlingen und sie an entlegene Orte zu bringen. Während Rirgit in Aventurien äußerst selten anzutreffen sind, sollen diese Ungeheuer im Südmeer und auch in Tharun deutlich häufiger vorkommen.

Ein Kampf gegen einen Rirgit stellt ein beinahe aussichtsloses Unterfangen dar, denn er ist noch massiger als eine Seeschlange und mindestens ebenso gefährlich. Kaum ein Mensch hat die Begegnung mit einem Rirgit überlebt, wenn es zu einem Kampf kam. Menschen werden von einem Rirgit meistens nur als Nahrung betrachtet und verspeist. Warum Rirgit auch Menschen entführen und beispielsweise nach Tharun verschleppen, ist den Gelehrten bislang unbekannt.

Rochenwurm

Der Rochenwurm, auch Blutrochen genannt, ist ein rotgesprenkelter, großer Fisch, der vom Aussehen her eine Mischung aus Muräne, Rochen und Wasserschlange zu sein scheint. Da er auch menschengroße Wesen als Beute betrachtet, springt er gelegentlich an Deck eines Schiffes und verursacht dort nicht nur Chaos, sondern versucht auch, ein ahnungsloses Opfer zu umschlingen, mit seiner zersetzenden Hautsäure außer Gefecht zu setzen und dann ins Meer zu ziehen. Meistens bleibt der Rochenwurm aber nur ein paar Augenblicke an Deck, bevor er feststellt, dass er auf erheblichen Widerstand stößt, und springt dann zurück ins Meer.

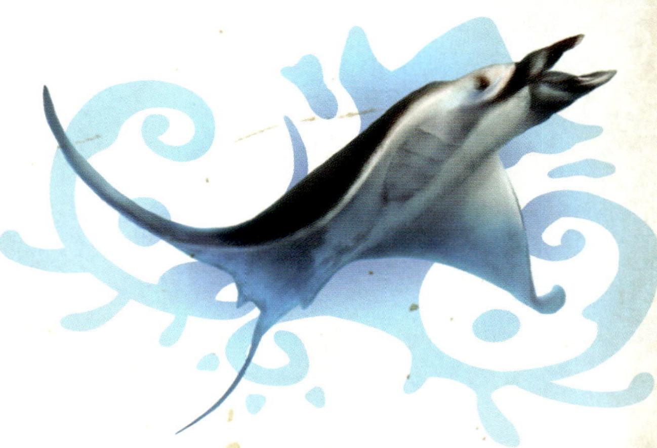

Schattenrochen
Größe: 5,50 bis 6,50 Schritt
Gewicht: 900 bis 1.200 Stein
MU 16 **KL** 11 (t) **IN** 14 **CH** 10
FF 11 **GE** 13 **KO** 20 **KK** 17
LeP 60 **AsP** – **KaP** – **INI** 8+1W6
VW 5 **SK** 3 **ZK** 3 **GS** 6
Biss: AT 10 **TP** 1W6+1 **RW** kurz
Stachel: AT 12 **TP** 1W6+2(+Gift)* **RW** mittel
RS/BE: 2/0
Aktionen: 1
Vorteile/Nachteile: Dunkelsicht II, Wasserlebewesen
Sonderfertigkeiten: Angriff auf ungeschützte Stellen (Biss, Stachel), Unterwasserkampf
Talente: Einschüchtern 10, Klettern 0, Körperbeherrschung 10, Kraftakt 9, Schwimmen 9, Selbstbeherrschung 11, Sinnesschärfe 6, Verbergen 6, Willenskraft 5
Anzahl: 1
Größenkategorie: mittel
Typus: Tier, nicht humanoid
Beute: 100 Ration Fleisch (ungenießbar), Haut (5 Silbertaler), bei 1 auf W20 ein faustgroßer, bei 2 bis 3 ein fingerkuppengroßer Gwen Petryl-Stein
Kampfverhalten: Sollte ein Schattenrochen einen Gegner im Wasser bekämpfen, versucht er abwechselnd zu beißen und mit seinem Stachel zuzustechen. Sollte sich ein Gegner auf einem Boot befinden, so springt er über das Boot und versucht, den Gegner mit seinem Stachel an einer ungeschützten Stelle zu erwischen.
Flucht: Verlust von 50 % der LeP
Schmerz +1 bei: 45 LeP, 30 LeP, 15 LeP, 5 LeP oder weniger
Fischen & Angeln (Salzwassertiere oder Wasserungeheuer):

- QS 1: Schattenrochen reagieren manchmal freundlich und manchmal feindselig auf Menschen.
- QS 2: Das Gift des Schattenrochens ist stark und lähmt das Opfer, sodass dieses nicht selten einfach ertrinkt.
- QS 3+: Schattenrochen sagt man nach, dass sie einen besonderen Hass auf Gwen Petryl-Steine und deren Träger verspüren.

Jagd: –3
Sonderregeln:
*) *Schattenrochengift:* Das Gift des Schattenrochens ist schmerzhaft und lähmend. Der Schaden ist kumulativ.
Stufe: 4
Art: Einnahme- und Waffengift, tierisch
Widerstand: Zähigkeit
Wirkung: 1W6 SP, +1 *Betäubung* / 1W3 SP
Beginn: sofort
Dauer: bis zum Ende der lähmenden Wirkung (3 Stunden pro Stufe des Zustands *Betäubung*)
Kosten: 200 Silbertaler
Launisch: Zu Beginn einer Begegnung mit einem Schattenrochen würfele mit 1W6. Bei 1-2 ist der Schattenrochen den Helden gegenüber neutral eingestellt und lässt sie in Ruhe, wenn sie ihn auch in Ruhe lassen; bei 3-4 ist er freundlich gestimmt und wird sie begleiten und gegen charyptide Feinde verteidigen; bei 5-6 ist er feindselig eingestellt und greift die Helden an. Der Rochen begleitet und schützt die Helden maximal 1 Stunde bzw. kämpft maximal 2W6 KR lang.
Verabscheuungswürdige Gwen Petryl-Steine: Schattenrochen verspüren einen regelrechten Hass auf Gwen Petryl und deren Träger. Sollte ein solcher in Sichtreichweite sein, wird der Rochen versuchen, den Stein zu vernichten bzw. den Besitzer zu töten. In diesem Fall kann die Sonderregel *Launisch* ignoriert werden.

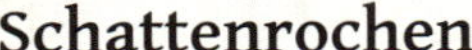

Schattenrochen

Obwohl die dunklen Schattenrochen selbst in der Havener Unterstadt ein seltener Anblick sind, besteht kein Zweifel, dass den Berichten der Schatzsucher, die einen Schattenrochen an der Wasseroberfläche gesehen haben wollen, Glauben zu schenken ist. Der Schattenrochen ist ein Einzelgänger, und man tut gut daran, Vorsicht walten zu lassen, wenn man ihn bemerkt. Sein Wesen ist unergründlich, es gibt sowohl Schattenrochen, die Taucher neugierig begleiteten oder Bootsbesatzungen vor einer charyptiden Gefahr schützten, als auch solche, die unvermittelt angreifen.

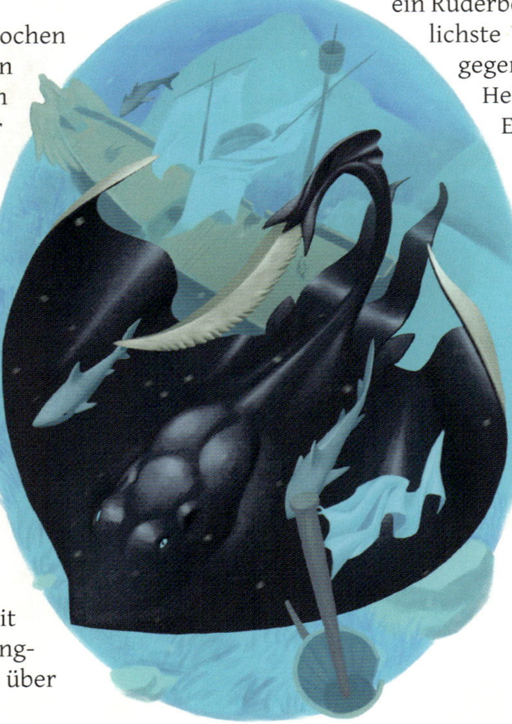

Eine außergewöhnliche Fähigkeit des Schattenrochens ist die Sprungkraft. Er ist in der Lage, mühelos über ein Ruderboot zu springen und seine gefährlichste Waffe, den Stachel, zielgerichtet gegen Matrosen, Schatzsucher und Helden einzusetzen.

Eine weitere Besonderheit ist der Hass, den der Schattenrochen offenbar gegenüber dem Leuchten eines Gwen Petryl verspürt. Es gibt zahlreiche Berichte von Angriffen durch Schattenrochen auf Efferdgeweihte und Abenteurer, die einen Leuchtstein mit sich führten. Auch ohne Träger scheint der Schattenrochen die Leuchtsteine zu verabscheuen und versucht sie mit seinen Kiefern zu zermalmen. Dabei kommt es gelegentlich vor, dass der Rochen einen Leuchtstein verschluckt.

Wasserleiche
Größe: 1,50 bis 2,00 Schritt bzw. nach Ursprungskörper
Gewicht: 40 bis 80 Stein bzw. nach Ursprungskörper
MU 20 **KL** 6 (t) **IN** 10 **CH** 9
FF 6 **GE** 8 **KO** 14 **KK** 14
LeP 17 **AsP** – **KaP** – **INI** 7+1W6
VW 1 **SK** 0 **ZK** 0 **GS** 4
Waffenlos: AT 8 **TP** 1W6(+Krankheit)* **RW** kurz
Biss: AT 8 **TP** 1W6+2(+Krankheit)* **RW** kurz
Säbel: AT 9 **TP** 1W6+3 **RW** mittel
Wasserschwall: FK 9 **LZ** 1 **TP** 1W6+1 Stufe *Verwirrung* **RW** 1/2/3
RS/BE: 0/0
Aktionen: 1
Vorteile/Nachteile: Angst vor Feuer II•, Lichtempfindlich (wirkt, obwohl Wasserleichen als Untote ansonsten nicht den Zustand Schmerz erleiden können).
Talente: Einschüchtern 6, Klettern 5, Körperbeherrschung 1, Kraftakt 7, Schwimmen 7, Selbstbeherrschung – (gelingt automatisch), Sinnesschärfe 4, Verbergen 6, Willenskraft – (gelingt automatisch)
Anzahl: 1 oder 2W6 (kleine Wasserleichenhorde) oder 3W6 (große Wasserleichenhorde)
Größenkategorie: mittel
Typus: Untoter (Hirnloser), humanoid
Erschaffungsschwierigkeit: +1
Beute: eventuell Zufallsfund (bei 1 auf W6 hat die Wasserleiche Geld oder Wertgegenstände im Wert von 1W6 x 1W6 Heller dabei)
Kampfverhalten: Wasserleichen gehorchen den Befehlen ihres Beschwörers und werden häufig als hirnlose Arbeitsklaven eingesetzt. Wenn sie freie Untote sind, wollen Wasserleichen ihrem instinktiven Hass auf alles Lebendige folgen. Sobald sie ein Opfer bemerken, bewegen sie sich direkt darauf zu und versuchen, es zu töten.
Flucht: Wasserleichen fliehen nicht. Sie kämpfen ohne Rücksicht auf Verluste bis zum letzten „Lebenspunkt".
Schmerz +1 bei: kein Effekt
Magiekunde (Magische Wesen):
- **QS 1:** Wasserleichen sind langsam, man kann vor ihnen weglaufen. Sie kämpfen bis zum bitteren Ende.
- **QS 2:** Von einem Beschwörer kontrollierte Wasserleichen folgen ebenso wörtlich wie gedankenlos den Befehlen ihres Meisters und lassen sich davon kaum abbringen. Den Kopf vom Rumpf zu trennen hat keinen nennenswerten Effekt.
- **QS 3+:** Sonnenlicht schadet ihnen und zerstört sie innerhalb von wenigen Augenblicken.

Sonderregeln:
*) *Krankheitsüberträger:* Wasserleichen können Wundfieber übertragen. Für je volle 10 SP durch sie muss mit 1W20 gewürfelt werden: 1-10 (keine Krankheit), 11-20 (Wundfieber). Ist der Held infiziert, muss eine Krankheitsprobe abgelegt werden (siehe **Regelwerk** Seite **343**; zu Wundfieber siehe **Aventurischer Almanach** Seite **130**).
Extrem Lichtempfindlich: Ist die Wasserleiche direktem Sonnenlicht ausgesetzt, erleidet sie 2 SP pro KR.
Meute: Wasserleichen, die gemeinsam einen Gegner angreifen, erhalten pro Wasserleiche in der Überzahl +1 AT (bis zu einem Maximum von +4 AT).
Wasserleichenart: Die oben genannten Werte gelten für eine durchschnittliche Menschen-Wasserleiche. Andere Wasserleichenarten können andere Werte und Fähigkeiten aufweisen.
Wasserschwall: Wasserleichen können ihren Gegner mit einem Wasserschwall anspucken. Es gelten dabei die Regeln eines Fernkampfangriffs mit einer Wurfwaffe. Der Wasserschwall richtet nicht nur TP an, sondern auch 1 Stufe *Verwirrung* für 5 KR. Der Schaden ist kumulativ.
Untoten-Regeln: Für Wasserleichen gelten die allgemeinen Untoten-Regeln (siehe siehe vordere Umschlag Innenseite).

Wasserleiche

An den Küsten des Meeres der Sieben Winde sind unzählige Schiffe gekentert. In Havena kommt noch hinzu, dass durch die Große Flut Tausende von Menschen ihr Leben verloren haben und immer wieder Schatzsucher in der Unterstadt ertrinken. Gelegentlich kommt es vor, dass ein finsterer Nekromant oder die Macht der Erzdämonin Charyptoroth die Leiche eines Ertrunkenen mit Unleben erfüllt und so eine Wasserleiche entsteht.

Diese Untoten weisen in der Regel einen aufgedunsenen Leib auf und sind oftmals schon von den Meeresbewohnern angenagt worden, sodass ihr Anblick furchtbar ist.

Einige von ihnen, insbesondere jene Wasserleichen, die zu Lebzeiten Schatzsucher und Seeleute waren, sind sogar mit Säbeln oder ähnlichen Waffen ausgerüstet. Doch nicht nur ihre plumpen Angriffsversuche können einer Heldin gefährlich werden: Sie verfügen über die Fähigkeit, einen fauligen Wasserschwall zu spucken, der auf der Haut brennt und das Bewusstsein trübt.

• Obwohl Untote nicht den Zustand *Furcht* erleiden können, bekommen Wasserleichen beim Anblick von Feuer Zustandsstufen *Furcht* mit den üblichen Auswirkungen.

RÜSTKAMMER DER SCHATZSUCHER & KULTISTEN

Um nicht alles einzeln zusammenstellen zu müssen, kann ein Spieler sich – beispielsweise bei der Heldenerschaffung – auch entschließen, auf eines dieser vorgefertigten Ausrüstungspakete zurückzugreifen.

- Das Abenteurerpaket (Havena) ist ein ideales Ausrüstungspaket für jeden Abenteurer aus Havena oder eine Heldin, die es in die Stadt am Delta des Großen Flusses zieht.
- Das Bürgerpaket (Havena) ist ein Ausrüstungspaket, das ein typischer Bürger der Mittelschicht Havenas bei sich führt.
- Wer als Meister schnell festlegen möchte, was ein typischer Kultist Charyptoroths bei sich trägt, kann auf das entsprechende Charyptorothkultistenpaket zurückgreifen.
- Das Schatzsucherpaket umfasst typische Ausrüstung, die ein Schatzsucher in der Muhrsape oder der Unterstadt bei sich hat.
- Das leichte Gardistenpaket ist die Standardausrüstung der Havener Stadtgardisten.
- Das schwere Gardistenpaket nutzen Havener Stadtgardisten nur dann, wenn sie sich größeren Gefahren stellen müssen.

Abenteurerpaket (Havena)	Gewicht	Preis
Beil/Handaxt	0,75 Stn	20 S
Dolch	0,5 Stn	45 S
Entermesser	0,75 Stn	120 S
Feuerstein und Stahl	0,25 Stn	3 S
Gürteltasche	0,25 Stn	4 S
Gwen Petryl, fingerkuppengroß	0,075 Stn	100 S
Kleidungspaket (normal)	1 Stn	25 S
Kleidungspaket (normal)	1 Stn	25 S
Kletterseil, 10 Schritt	5,00 Stn	10 S
Kompass (Südweiser)	0,25 Stn	6 S
Lampenöl, 12 Stunden Brenndauer	0,5 Stn	0,2 S
Laterne	0,5 Stn	8 S
Lederrucksack	2,00 Stn	34 S
Phiole mit Heiltrank QS 4	0,2 Stn	242 S
Wasserschlauch	0,25 Stn	5,5 S
Wurfhaken	1 Stn	7 S
Gesamt	14,275 Stein	654,7 Silbertaler

Bürgerpaket (Havena)	Gewicht	Preis
Dolch	0,5 Stn	45 S
Efferdfigürchen	0,2 Stn	3 S
Feuerstein und Stahl	0,25 Stn	3 S
Geldbeutel	0,05 Stn	1 S
Goldamulett	0,1 Stn	107 S
Kamm	0,1 Stn	1 S
Kleidungspaket (normal)	1,00 Stn	25 S
Nadel- und Zwirnset	0,1 Stn	4,5 S
Öllampe	0,25 Stn	0,5 S
Papier, 1 Blatt	0,05 Stn	0,1 S
Perlen	0,01 Stn	350 S
Schwamm	0,1 Stn	2 S
Verband, 10 Stück	0,05 Stn	12,5 S
Zunder, 25 Portionen	0,025 Stn	0,2 S
Zunderdose (Platz für 25 Portionen)	0,2 Stn	1 S
Gesamt	2,985 Stein	555,8 Silbertaler

Charyptorothkultistenpaket	Gewicht	Preis
Charib'Yzz-Dolch	2,00 Stn	60 S
Entermesser	0,75 Stn	120 S
Kleidungspaket (normal)	1,00 Stn	25 S
Kompass (Südweiser)	0,25 Stn	6 S
Krakensilberspeer	2,25 Stn	80 S
Kutte	2,00 Stn	2,5 S
Signalhorn	1,00 Stn	3 S
Wasserschlauch	0,25 Stn	5,5 S
Gesamt	9,5 Stein	302 Silbertaler

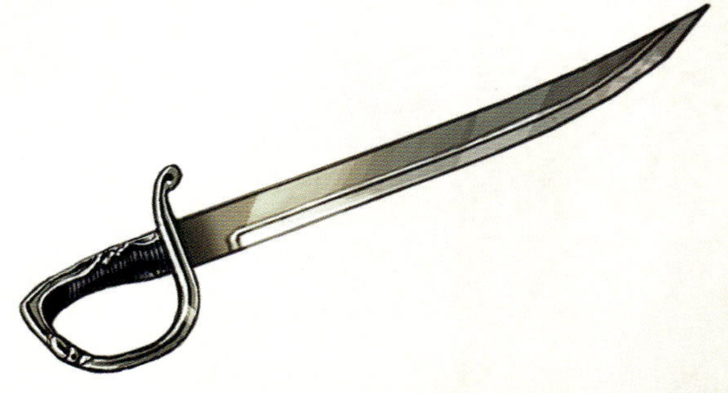

Schatzsucherpaket	Gewicht	Preis
Abblendlaterne	1,5 Stn	15 S
Angel mit Angelschnur, 10 Schritt	0,5 Stn	3 S
Beil/Handaxt	0,75 Stn	20 S
Dolch	0,5 Stn	45 S
Entermesser	0,75 Stn	120 S
Fackel	0,5 Stn	0,5 S
Fernrohr	1,25 Stn	150 S
Feuerstein und Stahl	0,25 Stn	3 S
Halbwegs wasserfeste Lederstiefel	1,00 Stn	20 S
Hammer	0,5 Stn	3 S
Handsäge	0,5 Stn	5 S
Kleidungspaket (normal)	1,00 Stn	25 S
Kletterseil, 10 Schritt	5,00 Stn	10 S
Kompass (Südweiser)	0,25 Stn	6 S
Lampenöl, 12 Stunden Brenndauer	0,5 Stn	0,2 S
Spaten	2,00 Stn	8,5 S
Umhängetasche	0,5 Stn	8,5 S
Gesamt	17,25 Stein	442,7 Silbertaler

Ruderboote in Havena und deren Kosten
Schatzsucher, Abenteurer, aber auch gewöhnliche Einwohner Havenas sind häufig im Besitz eines kleinen Ruderbootes. Ein neues Ruderboot kostet in der Herstellung ca. 1.200 Silbertaler, eine Summe, die sich nur wenige Havener leisten können. So verwundert es nicht, dass viele Boote entweder aus Familienbesitz stammen und in schlechtem Zustand sind oder aus billigeren Materialien hergestellt wurden.
Ein solches Ruderboot kostet nur ein Drittel des Preises (400 Silbertaler), der Meister kann jedoch bis zu einer Generalüberholung des Bootes eine Erschwernis von 1 auf alle Proben auf *Boote & Schiffe* verlangen. Für die Generalüberholung muss die Differenz von 400 zu 1.200 Silbertalern beglichen werden (also 800 S), und es ist eine Sammelprobe auf *Holzbearbeitung (Zimmermannsarbeiten)*, 12 Stunden, beliebig viele Versuche, notwendig.

Leichtes Gardistenpaket (Havena)	Gewicht	Preis
Dolch	0,5 Stn	45 S
Fesselseil, 5 Schritt	1,25 Stn	1,5 S
Feuerstein und Stahl	0,25 Stn	3 S
Hellebarde	2,5 Stn	160 S
Kurzschwert	0,75 Stn	140 S
Lampenöl, 6 Stunden Brenndauer	0,25 Stn	0,1 S
Laterne	0,5 Stn	8 S
Leichte Armbrust	3,25 Stn	180 S
Signalhorn	1,00 Stn	3 S
Stoffrüstung	3 Stn	75 S
Gesamt	13,25 Stein	615,6 Silbertaler

Schweres Gardistenpaket (Havena)	Gewicht	Preis
Dolch	0,5 Stn	45 S
Fesselseil, 5 Schritt	1,25 Stn	1,5 S
Feuerstein und Stahl	0,25 Stn	3 S
Hellebarde	2,5 Stn	160 S
Kettenrüstung	12 Stn	250 S
Lampenöl, 6 Stunden Brenndauer	0,25 Stn	0,1 S
Laterne	0,5 Stn	8 S
Säbel	0,75 Stn	180 S
Signalhorn	1,00 Stn	3 S
Gesamt	19 Stein	650,6 Silbertaler

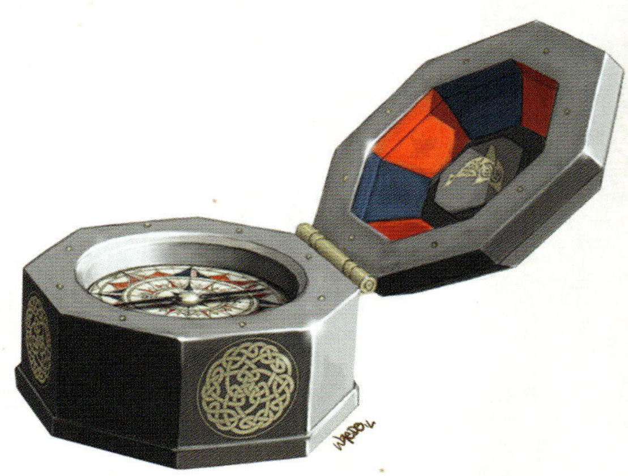

DER KULT DES NUMINORU

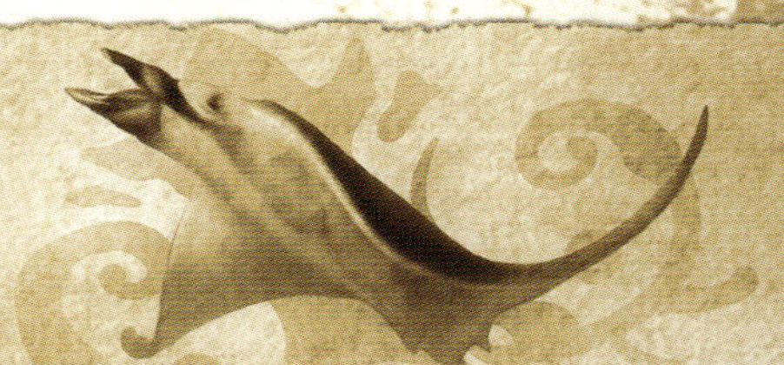

Die Priesterschaft des Numinoru als Profession

Verborgener Numinorupriester

Kein Anhänger des Numinoru kann in den Ländern der Zwölfgötter offen seinen Glauben predigen, genauso wenig gibt es öffentliche Tempel und Schreine dieses Meeresgottes. Zu klein ist noch die Zahl seiner Getreuen, doch immer mehr Uthuriafahrer kommen mit dem Glauben an Numinoru zurück in die Heimat. Sie gründen verborgene Kulte in den Städten der Westküste und im Süden Aventuriens, doch diese Kulte sind nicht miteinander vernetzt und wissen in den meisten Fällen nicht einmal voneinander. Ihre Pläne sind langfristig angelegt, denn Numinorus Perspektive ist die Unendlichkeit. Einige Numinorupriester wurden von mysteriösen Nanshemu aus Uthuria oder den Priestern der schwimmenden Stadt Aguaduron ausgebildet, andere haben ihre Weihe von einem der aventurischen Kultgründer erhalten.

Die Priester Numinorus haben viele weltliche Berufe, sie können genauso Bettler am Hafen wie geschätzte Handelsfahrer sein, ebenso gut Leichtmatrosin wie Gelehrte. In ihren Kulten werden sie als Propheten geschätzt und interpretieren den Willen ihres Gottes. Ihre Liturgien versprechen ihnen Herrschaft über das Meer und Numinorus Kinder, doch sie ahnen, dass sie dafür eine Rolle in den Plänen ihres Gottes zu spielen haben: eine Rolle, die sich erst mit der Zeit offenbaren wird.

Numinorupriester sind Mystiker, doch ausgeglichen und pragmatisch genug, die Realität nicht aus den Augen zu verlieren. Wohlgesonnenen Menschen die Macht und Güte ihres Gottes zu demonstrieren kann ein guter Weg sein, diese zu bekehren, und Freundschaft widerspricht nicht den Prinzipien ihres Gottes. So können sie unter den richtigen Umständen Mitglieder oder Auftraggeber einer Heldengruppe sein.

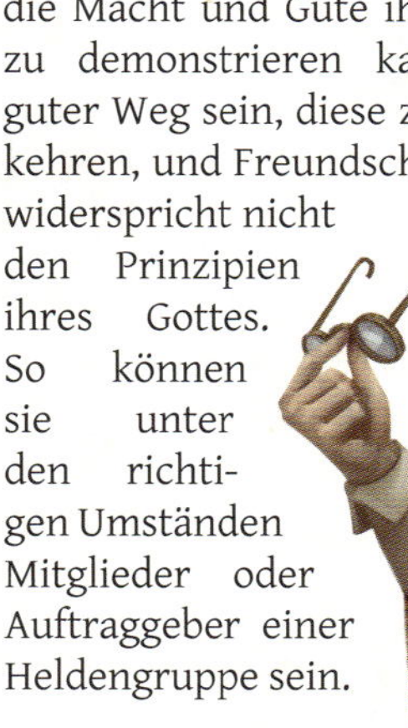

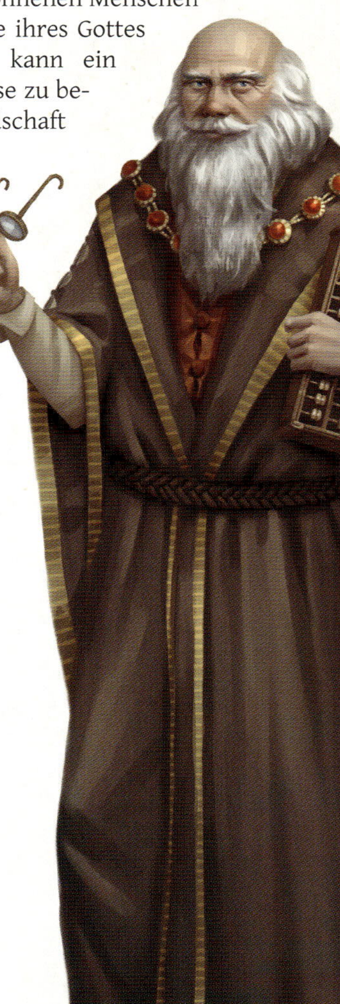

Numinorupriester
Professionspaket

AP-Wert: 264 Abenteuerpunkte
Voraussetzungen: Vorteil Geweihter (25 AP), Nachteil Prinzipientreue II (Numinorukult) (–20 AP), Verpflichtungen II (Kult) (–20 AP), Sonderfertigkeit Tradition (Numinorukult) (125 AP)
Sonderfertigkeiten: Sprachen und Schriften für insgesamt 10 Abenteuerpunkte, Fertigkeitsspezialisierung Götter & Kulte
Kampftechniken: Stangenwaffen 8
Talente:
Körper: Schwimmen 7, Selbstbeherrschung 7, Sinnesschärfe 4, Verbergen 4
Gesellschaft: Bekehren & Überzeugen 4, Menschenkenntnis 4, Überreden 4, Verkleiden 4, Willenskraft 7
Natur: Fischen & Angeln 7, Orientierung 4
Wissen: Geographie 3, Götter & Kulte 6, Sagen & Legenden 4
Handwerk: Boote & Schiffe 4
Liturgien: Sechs Segnungen, Blick auf den Meeresgrund 4, Göttlicher Fingerzeig 4, Leitende Strömung 4, Numinorus Fesseln 6, Unterwasseratmung 6
Empfohlene Vorteile: Entfernungssinn, Fuchssinn, Kälteresistenz, Mystiker, Pragmatiker, Richtungssinn, Vertrauenerweckend, Zeitgefühl
Empfohlene Nachteile: Persönlichkeitsschwächen (Arroganz, Unheimlich), Schlechte Eigenschaft (Aberglaube)
Ungeeignete Vorteile: keine
Ungeeignete Nachteile: Angst vor dem Meer, Angst vor Meerestieren

Ausrüstung und Tracht
Die Kleidung und Ausrüstung eines verborgenen Priesters wird eher von seinem Alltagsberuf geprägt. Die meisten Priester besitzen jedoch ein Horn aus der Schale einer großen Muschel oder Schnecke oder einen Stecken aus Treibholz. Die geheimen Erkennungszeichen der Kulte sind unterschiedlich, doch viele tragen Mitbringsel von fremden Küsten oder aus den Tiefen des Meeres.

Numinorupriester als Helden
Die hier angegebenen Werte sind eine gute Vorlage, um Numinorupriester als Meisterfiguren zu erstellen. Anders als der Namenlose ist Numinoru kein böser Gott, und er wird von seinen Priestern oft sogar als Efferds Bruder angesehen. Die Ziele eines Priesters können mit denen einer Heldengruppe vereinbar sein. Numinorupriester werden in den meisten Gegenden Aventuriens jedoch nicht oder nur schwer akzeptiert, denn sie handeln gegen das Silem-Horas-Edikt, welches die wahren Zwölfgötter und deren Gefolge benennt. Es braucht also eine Gruppe mit passender Zusammensetzung, um einen Numinorupriester als Held zu spielen. Ihr solltet gemeinsam entscheiden, ob es euch Spaß macht, wenn ein Held seinen Glauben vor dem Rest der Gruppe verheimlicht, und wie ihr weiterspielen könnt, falls sein wahrer Glauben doch ans Licht kommt.

Die Tradition des Numinorukults

Moralkodex Numinoru

Ausgeglichenheit: Diener Numinorus lassen sich nicht zu impulsiven Handlungen hinreißen und behalten stets das große Ganze im Blick. Sie sind ruhig und beherrscht, niemals Sklave ihrer Emotionen.

Wissbegier: Numinoru gewährt seinen Anhängern nicht die Gabe der Prophezeiung und die Herrschaft über das Meer, damit sie die Sicherheit der heimatlichen Gestade genießen, sondern damit sie zu neuen Horizonten aufbrechen und in die Tiefen hinabtauchen. Sie streben stets nach neuen Erkenntnissen.

Planung: Die Anhänger Numinorus gehen planvoll vor und denken weit in die prophezeite Zukunft, sie handeln nicht unvorbereitet.

Die Aspekte des Numinoru

Numinoru ist der Gott des Meeres, doch anders als bei Efferd sind es nicht die wechselhaften Gewalten von Wind und Wogen, die Numinoru am besten beschreiben, sondern die rätselhaften, unendlichen Tiefen des Meeres und die Weite des Horizonts. Numinoru ist nicht launisch, und nur, wer ihn erzürnt, muss ihn fürchten. Dann jedoch wird der Frevler von den Tiefen des Meeres verschlungen, denn Numinoru ist nicht nur der Gott unendlicher Ausgeglichenheit, sondern auch der Vater der Seeungeheuer. Die aventurischen Priester Numinorus gehören zu kleinen, geheimen Zirkeln, die ihre eigenen Ziele verfolgen. Die meisten von ihnen sind frische Konvertiten, die ihren Glauben aus Uthuria, von anderen fremden Küsten oder aus der schwimmenden Stadt Aguaduron mitgebracht haben, oder die von einem Numinorupriester bekehrt wurden.

Reißender Strudel
Dieser Aspekt verkörpert Numinorus zerstörerische Seite, und Priester, die ihm folgen, sehen ihren Gott als Vater der Seeungeheuer und Gebieter lebensfeindlicher Meerestiefen, dessen Hilfe einen Preis hat und dessen Flüche schrecklich sind.

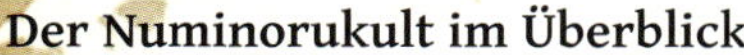

Der Numinorukult im Überblick

Aspekte: Entdeckung, Geduld, Gleichmäßigkeit, Grenzenlosigkeit, Herrschaft über das Meer, Horizont, Meer, Meeresgeschöpfe, Navigation, Planung, Prophezeiung, Ruhe, Seefahrt, Strömung, Tiefe, Unendlichkeit, Unergründlichkeit, Vernunft, Wasser, Weite

Pantheon: eigenständige Gottheit*

Verbreitung: Havena, Ghurenia, Aguaduron, verborgene Kulte in weiteren aventurischen Hafenstädten, Risso (als No'Minoru); außerhalb Aventuriens in Uthuria (Nanshemu-Pantheon, als Numinoru), Tharun (Neugötter, als Numinoru), Myranor (Imperium und andere Reiche, meist als Numinorus)

Beinamen: Der Unendliche, Finsterer Gott des unendlichen Meeres, Vater der Seeungeheuer, Bruder Efferds

Heilige Talismane: Stab des Numinoru, Uthurische Rose

Wichtige Tempel: Havena

Heilige Orte: verlassene Tempel aus den Dunklen Zeiten, die als unsinkbar geltende schwimmende Stadt Aguaduron, versunkene Orte an der horasischen Küste, die verbotene Insel im Archipel der Risso (ebenfalls von der Efferdkirche beansprucht), weitere in Uthuria, Tharun und Myranor

Alveraniare, Heilige, Erwählte: Schreckliche Seeungeheuer wie die Rirgit gelten als Kinder und Diener Numinorus. Einige der Gründer aventurischer Kulte Numinorus lassen sich als Propheten verehren. Weitere Alveraniare, Heilige und Erwählte des Numinoru sind nur in Uthuria, Myranor und Tharun bekannt.

Heiliges Tier: Rochen (manchmal auch Qualle)

Feiertage: siebter Neumond im Jahr (Numinorus Atem)

Sternbild: unbekannt

Zuordnung: Farben: Blau (Azur), Grün und Schwarz; Pflanzen: Uthurische Rose, Kajubo; Steine: Bimsstein, Bergblau; Symbole: Rochen, Quallen, Spiralen

Opfergaben: Zeit, Dienst an der Gottheit, Treibgut, Artefakte der Seefahrt, Wissen, Beute eines Sieges, Meeresungeheuer

Feindbilder: Verseuchung des Wassers, widernatürliche Meeresungeheuer, Dominanz des Efferdglaubens

Paradies: Numinorus Abyssal

Ziele des Kultes: Etablierung in Aventurien, Ergründung des Wesens ihres Gottes, Herrschaft über das Meer, Einblicke in die Zukunft und die Pläne Numinorus

Politischer Einfluss: minimal und verborgen, mit Einzelpersonen verknüpft

Hierarchie innerhalb des Kultes: mittel

Toleranz gegenüber Andersgläubigen: groß

Orden und Laienbruderschaften: noch steht jeder Kult für sich

*) Die meisten Numinorugläubigen haben ihren Glauben durch Konvertiten erhalten, die ihr Wissen um Numinoru vom uthurischen Volk der Nanshemu erhalten haben. Bei den Nanshemu ist Numinoru Teil eines eigenen Pantheons, aber die aventurischen Kulte betrachten Numinoru als selbstständigen Gott und als Alternative zu Efferd, während sie die übrigen Zwölfgötter nicht verleugnen und durchaus auch als ihre Götter betrachten.

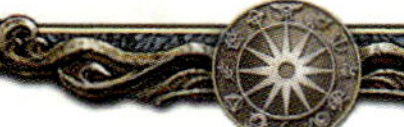

Unendliche Tiefe

Dies ist der mystische Aspekt Numinorus, der sich mit den Tiefen der See, mit der Zeit und mit dem Horizont beschäftigt. Priester Numinorus, die diesem Aspekt folgen, sind Propheten und Gelehrte, die ihre Weisheit in den Dienst eines großen, noch nicht vollends erfassbaren Zieles stellen.

Trance

Bei der *Trance* handelt es sich um eine Form der leichten Entrückung. Sie tritt meistens bei der Nutzung von Zeremonialgegenständen oder beim Einsatz von einigen Sonderfertigkeiten auf. *Trance* baut sich alle 24 Stunden um 1 Stufe ab.

Trance

Trancestufen	Auswirkung
Stufe I	Der Held spürt die Nähe seines Gottes, eine potenzielle AsP-Regeneration fällt in der nächsten Regenerationsphase aus.
Stufe II	Alle Proben, außer auf Liturgien und wohlgefällige Talente, sind um 2 erschwert, eine potenzielle AsP-Regeneration fällt in der nächsten Regenerationsphase aus.
Stufe III	Alle Proben (auch wohlgefällige) sind um 3 erschwert, eine potenzielle AsP-Regeneration fällt in der nächsten Regenerationsphase aus.
Stufe IV	Handlungsunfähig; eine potenzielle AsP-Regeneration fällt in der nächsten Regenerationsphase aus.

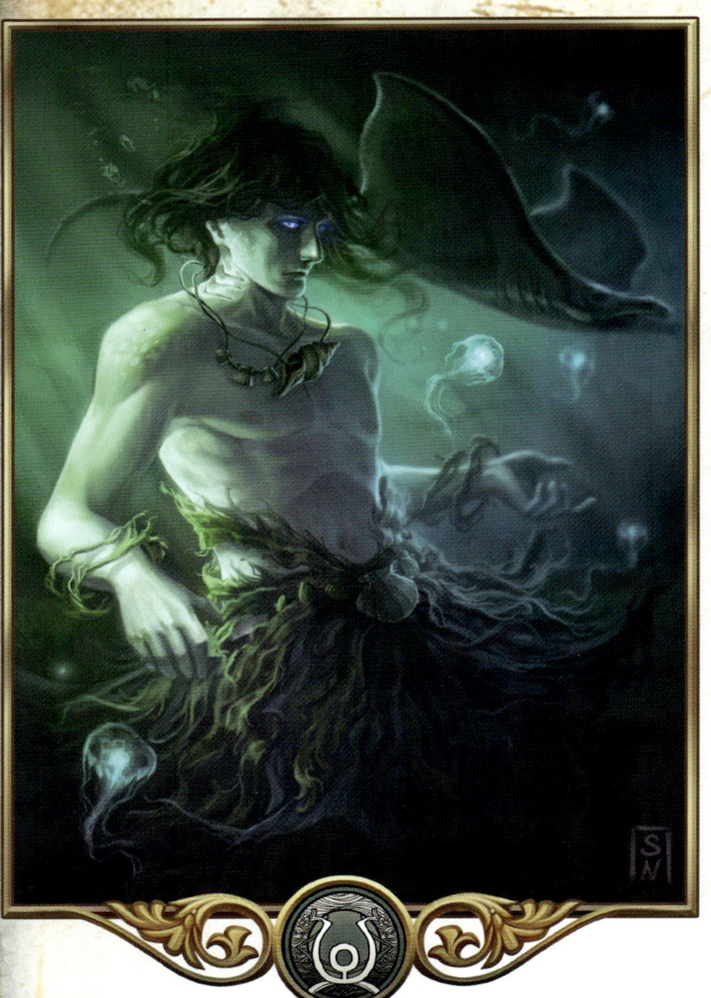

Die Tradition (Numinorukult) als Sonderfertigkeit

- Stark eingeschränkte Segnungen: Folgende Segnungen kann der Numinorupriester nicht anwenden: Feuersegen, Geburtssegen, Grabsegen, Kleiner Heilsegen, Kleiner Schutzsegen, Speisegen.
- Dem Schicksal trotzen: Der Numinorupriester kann einen Schicksalspunkt ausgeben, um den Bestätigungswurf eines Patzers erneut zu würfeln. Ist der Patzer danach nicht bestätigt, darf er einen weiteren Schicksalspunkt ausgeben, um den Probenwurf komplett zu wiederholen, auch wenn dies bei einem Patzer eigentlich nicht erlaubt ist.
- Ein Numinorupriester muss sich an den Moralkodex (Prinzipientreue) halten (siehe links). Die Wahl des Nachteils ist Voraussetzung, wenn der Spieler einen Priester dieses Kultes spielen will.
- Wohlgefällige Talente: Boote & Schiffe, Bekehren & Überzeugen, Fischen & Angeln, Geographie, Götter & Kulte, Körperbeherrschung, Orientierung, Schwimmen, Selbstbeherrschung, Willenskraft
- Die Leiteigenschaft der Tradition ist Klugheit.

Voraussetzungen: Vorteil Geweihter
AP-Wert: 125 Abenteuerpunkte

Muschelhorn

Dieses aus einer großen Muschel oder Schnecke geformte Horn dient entweder als rituelles Gefäß oder als Musikinstrument und findet in beiden Formen Verwendung in Riten zu Ehren Numinorus. Angeblich sollen uthurische Priester des Gottes statt dem Horn einen Treibholzstecken führen.

Wasser der Vorbereitung

Wirkung: Das Horn füllt sich mit salzigem Wasser, der Priester benetzt seinen Körper damit. Dadurch erhält er Numinorus Hilfe für eine unmittelbar bevorstehende Aufgabe. Die nächste Probe ist um 1 erleichtert. Maximal hält dieser Bonus 24 Stunden. Der Einsatz dieser Fähigkeit dauert 1 Minute und verursacht 1 Stufe *Trance*.
Voraussetzungen: Sonderfertigkeit Tradition (Numinorukult), keine Sonderfertigkeit Donnerndes Horn
Aspekt: Unendliche Tiefe
AP-Wert: 12 Abenteuerpunkte

Wasser der Hellsicht

Wirkung: Das Horn füllt sich mit eiskaltem, klaren Tiefseewasser, in dem der Priester die Zukunft lesen kann. Wenn er diese Prophezeiung gegenüber einem anderen Kulturschaffenden kundtut, erhält dieser 1 Schip zurück, kann dadurch aber nicht über mehr Schips verfügen, als sein Maximum beträgt. Der Einsatz dieser Fähigkeit dauert 1 Stunde, während der der Priester den Status *Handlungsunfähig* erhält, und verursacht 1 Stufe *Trance*.
Voraussetzungen: Sonderfertigkeit Wasser der Vorbereitung, keine Sonderfertigkeit Wasser der Klarheit
Aspekt: Unendliche Tiefe
AP-Wert: 30 Abenteuerpunkte

Wasser der Klarheit

Wirkung: Das Horn füllt sich mit frischem Trinkwasser. Wer das Wasser trinkt, kann eine Stufe *Verwirrung* und eine Stufe *Furcht* abbauen. Der Einsatz dieser Fähigkeit dauert 1 Minute und verursacht 1 Stufe *Trance*.
Voraussetzungen: Sonderfertigkeit Wasser der Vorbereitung, keine Sonderfertigkeit Wasser der Hellsicht
Aspekt: Unendliche Tiefe
AP-Wert: 12 Abenteuerpunkte

Donnerndes Horn

Wirkung: Ein Stoß ins Horn ist fünf Meilen weit zu hören und wird von jenen, die es vernehmen, intuitiv und nach Wahl des Priesters als Warnung oder Hilferuf verstanden.
Voraussetzungen: Sonderfertigkeit Tradition (Numinorukult), keine Sonderfertigkeit Wasser der Vorbereitung
Aspekt: Reißender Strudel
AP-Wert: 10 Abenteuerpunkte

Sturmhorn

Wirkung: Ein ohrenbetäubender Hornstoß wirft ein Ziel der Größenkategorie *mittel* oder kleiner 3 Schritt zurück und verursacht für 5 Kampfrunden den Status *Taub* (siehe **Regelwerk** auf Seite **36**). Wenn dem Ziel eine Probe auf *Körperbeherrschung (Balance)* misslingt, erhält es außerdem den Status *Liegend* (siehe **Regelwerk** auf Seite **36**). Der Einsatz dieser Fähigkeit kostet 1 Aktion und verursacht 1 Stufe *Trance*.
Voraussetzungen: Sonderfertigkeit Donnerndes Horn, keine Sonderfertigkeit Treibendes Horn
Aspekt: Reißender Strudel
AP-Wert: 15 Abenteuerpunkte

Treibendes Horn

Wirkung: Der Klang des Horns verleiht maximal 6 vom Priester ausgewählten Wesen (Kampfgefährten, Seeungeheuer, Tiere, etc.) in Seh- und Hörweite +1 AT und +1 FK bis zum Ende der nächsten Kampfrunde. Der Einsatz dieser Fähigkeit dauert 1 Aktion und verursacht 1 Stufe *Trance*.
Voraussetzungen: Sonderfertigkeit Donnerndes Horn, keine Sonderfertigkeit Sturmhorn
Aspekt: Reißender Strudel
AP-Wert: 10 Abenteuerpunkte

Segnungen

Die sechs Segnungen
Priester mit der Tradition Numinoru verfügen über sechs Segnungen, die eine Verbindung ihres Gottes mit einem größeren Pantheon andeuten und für die aventurischen Anhänger des Unendlichen eines der Rätsel sind, denen es nachzugehen gilt.
Die Segnungen sind: Eidsegen, Glücksegen, Harmoniesegen, Stärkungssegen, Tranksegen, Weisheitssegen.

Liturgien

Angriffswelle

Falls jemand es wagt, einen Numinorupriester anzugreifen, kann er seinen Feinden eine Welle entgegenschicken, um sie zu Fall zu bringen.
Probe: MU/IN/KO
Wirkung: Der Numinorupriester kann eine größere Wasserquelle (etwa das Meer, einen See oder einen Fluss) in Reichweite dazu bringen, eine Welle gegen seine Feinde zu schleudern. Jedem Gegner muss eine Probe auf *Körperbeherrschung (Balance)* erschwert um QS/2 gelingen, um nicht zu stürzen und den Status *Liegend* zu erleiden. Gegner der Größenkategorie *riesig* sind gegen die Auswirkungen der Welle immun. Maximal können bis zu 6 Personen, die der Priester auswählen darf, von der Wirkung betroffen sein. Diese Gegner sowie die Wasserquelle müssen sich innerhalb des Radius der Liturgie befinden. Andere Personen im Wirkungsbereich der Welle werden zwar nass, bleiben aber auf wundersame Weise von der Wirkung verschont.
Liturgiedauer: 2 Aktionen
KaP-Kosten: 16 KaP
Reichweite: 32 Schritt
Wirkungsdauer: sofort
Zielkategorie: Wesen
Verbreitung: Numinoru (Reißender Strudel)
Steigerungsfaktor: C

Blick auf den Meeresgrund

Numinoru offenbart seinem Priester einen Blick in sein Reich. Oft wird diese Liturgie dazu genutzt, um von einem Boot aus auf den Meeresgrund zu schauen, etwa, um untergegangene Schiffe oder versunkene Schätze aufspüren zu können.
Probe: KL/IN/IN
Wirkung: Der Priester kann Wasser als Sichtmodifikator ignorieren, so als wäre es nicht vorhanden. Er muss sich dazu außerhalb des Wassers befinden (beispielsweise auf einem Floß oder Boot) und ins Wasser schauen. Um Details auszumachen, kann nach Meisterentscheid eine Probe auf *Sinnesschärfe* notwendig sein. Der Priester kann sich während der Wirkungsdauer bewegen und somit seinen Sichtbereich ändern, darf aber nicht ins Wasser eintauchen, sonst endet die Liturgie augenblicklich.
Liturgiedauer: 1 Aktion
KaP-Kosten: 4 KaP
Reichweite: selbst
Wirkungsdauer: QS x 2 KR
Zielkategorie: Kulturschaffende
Verbreitung: Numinoru (Unendliche Tiefe)
Steigerungsfaktor: A

Botschaft aus der Tiefe

Diese Liturgie hilft den Numinorupriestern dabei, auch über größere Entfernungen in Kontakt zu bleiben.

Probe: MU/IN/CH

Wirkung: Der Priester projiziert ein Bild seines Gesichts auf eine Wasseroberfläche, die sich innerhalb eines Radius von 10 Schritt um den nächsten ihm persönlich bekannten Priester seiner Tradition befindet. Die maximale Reichweite der Liturgie beträgt 250 Meilen. Der Empfänger bemerkt das Gesicht intuitiv, er kann es sehen und die Stimme des Priesters, der die Liturgie gewirkt hat, in seinen Gedanken hören. Die Kommunikation über das Spiegelbild funktioniert lediglich in eine Richtung. Der Anwender kann das Ziel der Liturgie während der Wirkungsdauer weder hören noch sehen.

Liturgiedauer: 16 Aktionen

KaP-Kosten: 16 KaP

Reichweite: 250 Meilen

Wirkungsdauer: QS/2 Minuten

Zielkategorie: Kulturschaffender

Verbreitung: Numinoru (Unendliche Tiefe)

Steigerungsfaktor: C

Ertrinken

Priester des Numinoru können ihren Gegnern das Gefühl geben, dass ihre Lungen sich mit kühlem Meerwasser füllen und sie an Land ertrinken.

Probe: MU/KL/KO (modifiziert um SK)

Wirkung: Ein Opfer in maximal 8 Schritt Entfernung hat das Gefühl zu ertrinken und muss eine Probe auf *Selbstbeherrschung (Handlungsfähigkeit bewahren)* erschwert um QS/2 der Liturgie ablegen. Es erleidet 6–QS der Talentprobe SP und 2 Stufen *Betäubung* für die Wirkungsdauer der Liturgie.

Liturgiedauer: 2 Aktionen

KaP-Kosten: 4 KaP

Reichweite: 8 Schritt

Wirkungsdauer: 5 KR

Zielkategorie: Kulturschaffende

Verbreitung: Numinoru (Reißender Strudel und Unendliche Tiefe)

Steigerungsfaktor: B

Furchtresistenz

Die Priester des Numinoru sind aufgrund ihrer Gelassenheit dazu in der Lage, auch in bedrohlichen Situationen Ruhe zu bewahren.

Probe: MU/CH/KO

Wirkung: Alle Effekte der Stufen des Zustands *Furcht* können ignoriert werden, bis auf Stufe IV (ab Stufe IV wird der Priester von den ganz normalen Auswirkungen des Zustands betroffen).

Liturgiedauer: 1 Aktion

KaP-Kosten: 8 KaP

Reichweite: selbst

Wirkungsdauer: QS x 5 Kampfrunden

Zielkategorie: Kulturschaffende

Verbreitung: Numinoru (Unendliche Tiefe)

Steigerungsfaktor: C

Numinorus Fesseln

Der Priester hebt seine Hände und ruft einen Tentakel aus Wasser herbei, der sich wie eine Würgeschlange um sein Opfer schlingt.

Probe: MU/KL/KK

Wirkung: Das Opfer erhält die Status *Eingeengt* und *Fixiert*. Das Opfer kann eine Probe auf *Kraftakt* (*Drücken und Verbiegen* oder *Ziehen und Zerren*) ablegen. Die beiden Status wirken 7–QS Kampfrunden.

Liturgiedauer: 2 Aktionen

KaP-Kosten: 8 KaP (Kosten nicht modifizierbar)

Reichweite: 8 Schritt

Wirkungsdauer: maximal 7 Kampfrunden

Zielkategorie: Lebewesen

Verbreitung: Numinoru (Reißender Strudel)

Steigerungsfaktor: B

Quallenhaut

Numinorupriester kennen eine Liturgie, die ihre Haut so giftig macht wie die Nesseln einer Feuerqualle.

Probe: MU/KL/KK

Wirkung: Die Haut des Priesters überzieht sich mit Schleim, der an die Nesseln einer Feuerqualle erinnert. Der Schleim ist ein Kontaktgift, das der Priester beispielsweise über eine Berührung oder eine gelungene und nicht verteidigte Raufen-AT übertragen kann. Das Gift lässt sich nicht lösen oder abkratzen. Im Kampf muss mindestens 1 SP durch Raufen angerichtet werden, bevor eine Giftprobe gewürfelt werden darf.

Liturgiedauer: 2 Aktionen

KaP-Kosten: 16 KaP

Reichweite: selbst

Wirkungsdauer: QS x 3 KR

Zielkategorie: Kulturschaffende

Verbreitung: Numinoru (Reißender Strudel)

Steigerungsfaktor: C

Numinoruquallengift

Das Quallengift ist schmerzhaft. Der Schaden ist kumulativ.

Stufe: 5

Art: Kontaktgift, tierisch

Widerstand: Zähigkeit

Wirkung: 1W3+2 SP, +1 *Schmerz* **für 3 KR** / 1W2+1 SP

Beginn: sofort

Dauer: bis zum Ende der schmerzhaften Wirkung (3 KR pro Stufe des Zustands *Schmerz*)

Anmerkung: Das Gift kann nicht extrahiert werden.

Quallenruf

Der Priester ist in der Lage, Numinorus Diener in Gestalt eines Quallenschwarms herbeizurufen.

Probe: MU/IN/CH

Wirkung: Der Priester ruft einen Schwarm von QS x 3 Quallen herbei, die das Wasser um ihn herum bevölkern. Die Tiere stehen unter vollständiger Kontrolle des Priesters. Er kann sie dazu bringen, andere Wesen in Hör- und Sehweite anzugreifen oder irgendwo zu verharren. Die Quallen können sich nicht weiter als 32 Schritt vom Priester entfernen.

Liturgiedauer: 2 Aktionen

Wirkungsdauer: QS Stunden

KaP-Kosten: 16 KaP

Reichweite: 32 Schritt

Zielkategorie: Tiere (Quallen)

Verbreitung: Numinoru (Reißender Strudel und Unendliche Tiefe)

Steigerungsfaktor: C

Schiffsgespür

In der unendlichen Weite der See lässt Numinoru seine Priester intuitiv erahnen, in welcher Richtung sich das nächste Schiff hinter dem Horizont verbirgt.

Probe: KL/IN/IN

Wirkung: Der Priester spürt, in welcher Richtung sich das nächste hochseetaugliche Schiff auf dem Meer befindet und ob es sich von ihm entfernt oder auf ihn zubewegt, solange es sich in der Reichweite der Liturgie befindet.

Liturgiedauer: 4 Aktionen

KaP-Kosten: 4 KaP (nicht modifizierbar)

Reichweite: 50 Meilen

Wirkungsdauer: QS Minuten

Zielkategorie: Objekt (Schiff)

Verbreitung: Numinoru (Unendliche Tiefe)

Steigerungsfaktor: A

Unsichtbare Flut

In einer Zone bewegen sich alle Personen wie unter Wasser.

Probe: MU/KL/KO

Wirkung: In einem Radius von QS x 3 Schritt, mit dem Priester als Mittelpunkt, wird der Kampf für jeden so erschwert, als befände er sich unter Wasser. Dies bedeutet Abzüge von –6 auf AT, PA – und in diesem Fall auch FK. Sonderfertigkeiten, die den Kampf im Wasser erleichtern, helfen auch in dieser Zone. Die Zone bewegt sich nach dem Einsetzen der Wirkung nicht mit dem Priester mit.

Liturgiedauer: 4 Aktionen

Wirkungsdauer: 5 Kampfrunden

KaP-Kosten: 16 KaP

Reichweite: selbst

Zielkategorie: Zone

Verbreitung: Numinoru (Unendliche Tiefe)

Steigerungsfaktor: C

Qualle

Größe: bis 0,30 Schritt

Gewicht: bis 1 Stein

MU 20 **KL** 5 (t) **IN** 13 **CH** 10

FF 12 **GE** 13 **KO** 12 **KK** 9

LeP 5 **AsP** – **KaP** – **INI** 4+1W6

VW 0 **SK** 2 **ZK** 1 **GS** 4

Nesseln: AT 8 **TP** 1W6(+Gift)* **RW** mittel

RS/BE: 0/0

Aktionen: 1

Vorteile/Nachteile: Wasserlebewesen

Sonderfertigkeiten: Angriff auf ungeschützte Stellen (Nesseln), Unterwasserkampf

Talente: Einschüchtern 3, Körperbeherrschung 2, Kraftakt 3, Schwimmen 6, Selbstbeherrschung 17, Sinnesschärfe 11, Verbergen 11, Willenskraft 15

Anzahl: 1 oder 2W6 (Quallenschwarm)

Größenkategorie: winzig

Typus: Tier, nicht humanoid

Beute: 2 Rationen (ungenießbar), Gift

Kampfverhalten: Quallen greifen nur auf den Befehl eines Priesters Kulturschaffende an.

Flucht: eine Qualle flieht nicht

Schmerz +1 bei: 4 LeP, 3 LeP, 2 LeP, 1 LeP (nicht bei Schwärmen)

Fischen & Angeln (Salzwassertiere oder Wasserungeheuer):

- QS 1: Quallen reagieren nur auf Bewegungen von kleinen Tieren.
- QS 2: Quallen sind leicht giftig und lähmen ihre Opfer.
- QS 3+: Quallen greifen Menschen nur in den seltensten Fällen an, können aber in Schwärmen durch die zufällige Berührung und ihr Gift gefährlich werden.

Jagd: –1

Sonderregeln:

*) *Quallengift:* Das Gift der Qualle wirkt paralysierend. Der Schaden ist kumulativ.

Stufe: 3

Art: Kontaktgift, tierisch

Widerstand: Zähigkeit

Wirkung: 1 Stufe *Paralyse* / –

Beginn: sofort

Dauer: bis zum Ende der lähmenden Wirkung (eine halbe Stunde pro Stufe des Zustands *Paralyse*)

Kosten: 100 Silbertaler

Schwarm: Quallen sind große Schwarmwesen (Grundgröße 3). Siehe **Schwarm-Regeln** (siehe hintere Umschlag Innenseite).

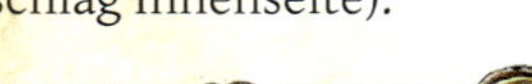

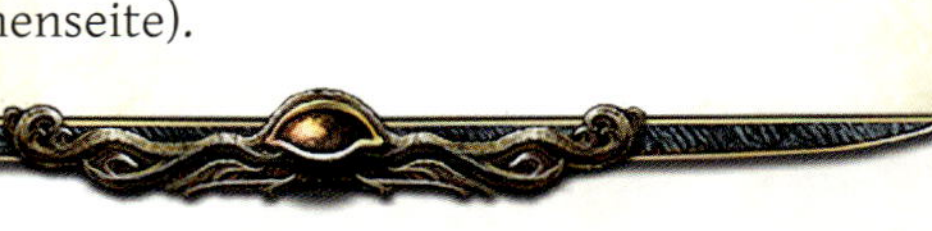

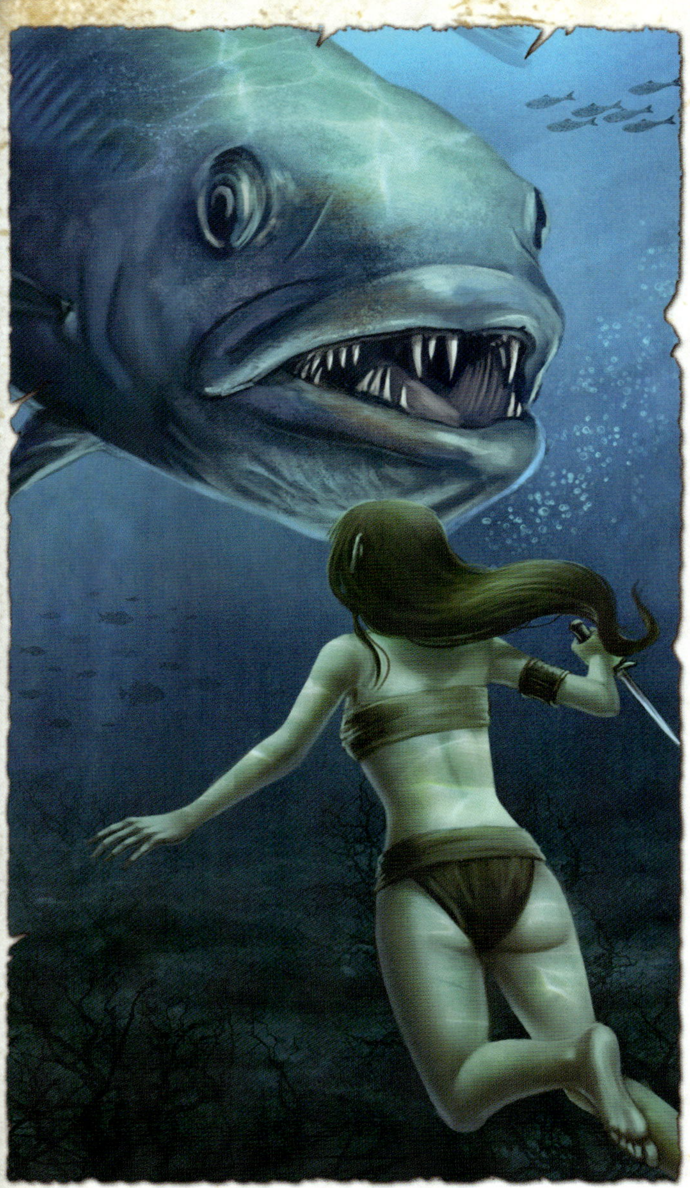

Unterwasseratmung

Durch die Liturgie können Priester eine Zeit lang unter Wasser atmen.
Probe: MU/IN/KO
Wirkung: Der Priester vermag sowohl normale Luft als auch Wasser zu atmen. Er kann grundsätzlich 5 Minuten pro QS unter Wasser atmen + zusätzliche Zeit je nach KaP-Einsatz.
Liturgiedauer: 4 Aktionen
KaP-Kosten: 4 KaP (Aktivierung der Liturgie) + 2 KaP pro 15 Minuten
Reichweite: selbst
Wirkungsdauer: aufrechterhaltend
Zielkategorie: Lebewesen
Verbreitung: Numinoru (Reißender Strudel und Unendliche Tiefe)
Steigerungsfaktor: B

Wasserlauf

Der Priester des Numinoru kann sich über das Element seines Herren bewegen, wie über festen Boden.
Probe: MU/IN/GE
Wirkung: Mit Hilfe dieser Liturgie kann der Priester über Wasser laufen, ganz so, als ob er über Erde gehen würde. Bei starkem Wellengang kann die Meisterin entscheiden, dass die GS des Priesters sinkt.
Liturgiedauer: 8 Aktionen
KaP-Kosten: 8 KaP
Reichweite: selbst
Wirkungsdauer: QS x 3 Minuten
Zielkategorie: Lebewesen
Verbreitung: Numinoru (Unendliche Tiefe)
Steigerungsfaktor: B

Zeremonien

Leitende Strömung

Der Priester gebietet über die Strömungen des Meeres und lässt ein Schiff reisen, ohne auf den Wind angewiesen zu sein.
Probe: KL/KL/IN
Wirkung: Ein Schiff wird von Meeresströmungen für die Wirkungsdauer in die vom Priester gewünschte Richtung getragen. Es kann sich dabei mit halber Geschwindigkeit auch unabhängig vom Wind bewegen. Für besonders schwierige Manöver muss der Priester eine Probe auf *Boote & Schiffe* ablegen.
Zeremoniedauer: 30 Minuten
Wirkungsdauer: QS Stunden
KaP-Kosten: 16 KaP
Reichweite: Berührung
Zielkategorie: Objekt (Schiff)
Verbreitung: Numinoru (Unendliche Tiefe)
Steigerungsfaktor: C

Numinorus Fluch

In einer langen Zeremonie opfert der Priester numinorugefällige Tiere wie Quallen und Rochen und trägt seinem Gott vor, welches Wasserfahrzeug er verfluchen möchte und warum.
Probe: MU/CH/KO
Wirkung: Durch diese Zeremonie lässt sich ein Wasserfahrzeug verfluchen. Alle Kulturschaffenden an Bord leiden unter folgenden Auswirkungen:

- Die Patzerwahrscheinlichkeit erhöht sich bei jedem Probenwurf um 5 % (normalerweise von 20 auf 19 bis 20). Dies gilt sowohl für jede Teilprobe einer Fertigkeitsprobe als auch für AT, PA, AW, FK usw.
- Proben auf Orientierung zum Führen des Wasserfahrzeugs sowie alle Proben auf *Boote & Schiffe* sind um –3 erschwert.

- Das Wasserfahrzeug wird von ungünstigen Strömungen vom gewünschten Kurs abgetrieben, und Seepocken und Algen besiedeln vermehrt den Rumpf, sodass die Reisegeschwindigkeit während der Wirkungsdauer halbiert ist.

Die Berührung muss nicht über die ganze Dauer der Zeremonie aufrechterhalten werden. Der Priester wirkt die Zeremonie und hat danach 2 Stunden Zeit, das zu verfluchende Wasserfahrzeug zu berühren.

Zeremoniedauer: 16 Stunden
Wirkungsdauer: QS Tage
KaP-Kosten: 16 KaP pro angefangene 20 Schritt Länge des Wasserfahrzeugs
Reichweite: Berührung
Zielkategorie: Objekt (Wasserfahrzeug)
Verbreitung: Numinoru (Reißender Strudel)
Steigerungsfaktor: D

Schattenrochengestalt

Durch diese Zeremonie kann sich der Numinorupriester in einen Schattenrochen verwandeln, das heilige Tier seines Gottes.

Probe: MU/KL/IN
Wirkung: Der Priester verwandelt sich in einen Schattenrochen. Hierbei wird die Kleidung nicht mitverwandelt. In der Schattenrochengestalt behält der Priester seine geistigen Eigenschaften und erhält die körperlichen Eigenschaften sowie die Fähigkeiten des Schattenrochens. Zudem kann er QS x 2 Punkte zusätzlich auf die körperlichen Eigenschaften des Schattenrochens verteilen. Abgeleitete Werte ändern sich dadurch nicht. In der Schattenrochengestalt vermag er keine übernatürlichen Fähigkeiten wie Zauber und Liturgien zu wirken, gilt jedoch als gesegnet (siehe **Regelwerk** Seite **316**).
Zeremoniedauer: 30 Minuten
KaP-Kosten: 16 KaP
Reichweite: selbst
Wirkungsdauer: QS x 3 Stunden
Zielkategorie: Lebewesen (nur der Priester selbst)
Verbreitung: Numinoru (Reißender Strudel und Unendliche Tiefe)
Steigerungsfaktor: C

Schattenrochen
Geistige Eigenschaften wie Priester
FF 11 **GE** 13 **KO** 20 **KK** 17
LeP wie Priester **AsP** – **KaP** – **INI** 8+1W6
VW 5 **SK** wie Priester **ZK** 3 **GS** 6
Biss: **AT** 10 **TP** 1W6+1 **RW** kurz
Stachel: **AT** 12 **TP** 1W6+2(+Gift)* **RW** mittel
Aktionen: 1
Sonderfertigkeiten: Angriff auf ungeschützte Stellen (Biss, Stachel), Unterwasserkampf
Talente: wie Priester
Größenkategorie: mittel
Typus: Tier, nicht humanoid
Zusätzliche Vorteile: Wasserlebewesen
Sonderregeln:
*) *Schattenrochengift:* Das Gift des Schattenrochens ist schmerzhaft und lähmend. Der Schaden ist kumulativ.
Stufe: 4
Art: Einnahme- und Waffengift, tierisch
Widerstand: Zähigkeit
Wirkung: 1W6 SP, +1 *Betäubung* / 1W3 SP
Beginn: sofort
Dauer: bis zum Ende der lähmenden Wirkung (3 Stunden pro Stufe des Zustands *Betäubung*)
Kosten: 200 Silbertaler

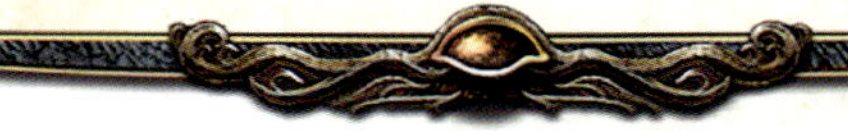

Seemonsterruf

Der Priester des Numinoru ruft das mächtigste, sich in der Nähe befindliche, seinem Herrn gefällige Geschöpf herbei.

Probe: MU/CH/KO
Wirkung: Ein vom Spielleiter bestimmtes Seeungeheuer erscheint beim Priester. Dabei werden sich Wesen, die nicht außerhalb des Wassers überleben können, nicht an Land begeben. Der Meister kann die Zeremonieprobe je nach Art der Kreatur erschweren.
Der Numinorupriester kann Wasserungeheuer in einem Radius von QS Meilen zu sich rufen. Er kann dabei bestimmte, ihm bekannte Kreaturen rufen. Arten von Wasserungeheuern, die er nicht kennt, kann er nicht rufen. Das Wesen bewegt sich umgehend zu ihm und erscheint innerhalb der Reichweite der Zeremonie. Das Seemonster lässt sich vom Priester berühren und ist diesem freundlich gesonnen. Wird der Priester während der Wirkungsdauer angegriffen, verteidigt die Bestie ihn. Sie wird aber nicht vom Priester kontrolliert oder beherrscht. Befindet sich kein passendes Geschöpf innerhalb des maximalen Radius, hat die Zeremonie keine Wirkung.
Zeremoniedauer: 5 Minuten
Wirkungsdauer: 2 Stunden
KaP-Kosten: 32 KaP (Kosten nicht modifizierbar)
Reichweite: 64 Schritt
Zielkategorie: Lebewesen (Meeresungeheuer)
Verbreitung: Numinoru (Reißender Strudel)
Steigerungsfaktor: D

Weitere Liturgien des Numinorukults
Numinorupriester können weiterhin die allgemeinen Liturgien und Zeremonien beherrschen, dazu die im Regelwerk vorgestellten Liturgien FRIEDVOLLE AURA (Unendliche Tiefe) und ORT DER RUHE (Unendliche Tiefe) sowie die Zeremonie OBJEKTWEIHE (Reißender Strudel und Unendliche Tiefe).

DER PAKT MIT CHARYPTOROTH

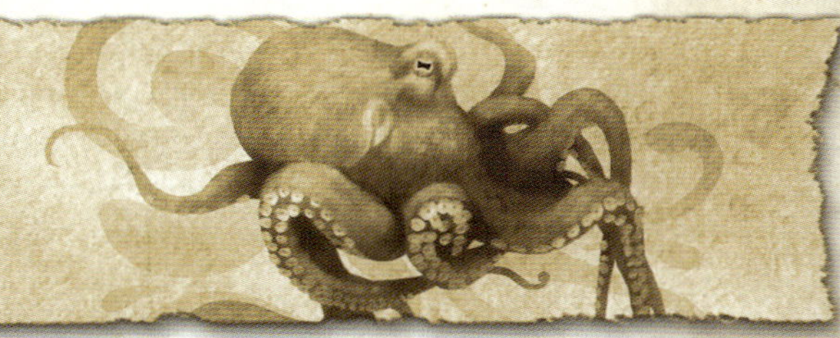

In einer großen Stadt wie Havena mag es hin und wieder Paktierer verschiedener Erzdämonen geben, die die Ordnung der Götter unterwandern wollen. Wir konzentrieren uns in dieser Spielhilfe aber vor allem auf die Bedrohung durch die Anhänger Charyptoroths. Dazu erläutern wir dir einige Fokusregeln zu Dämonenpakten und stellen dir ergänzend zu den Paktgeschenken aus **Havena – Versunkene Geheimnisse** noch weitere vor. Außerdem findest du hier noch einige Ergänzungen zur *Dämonischen Auszehrung*.

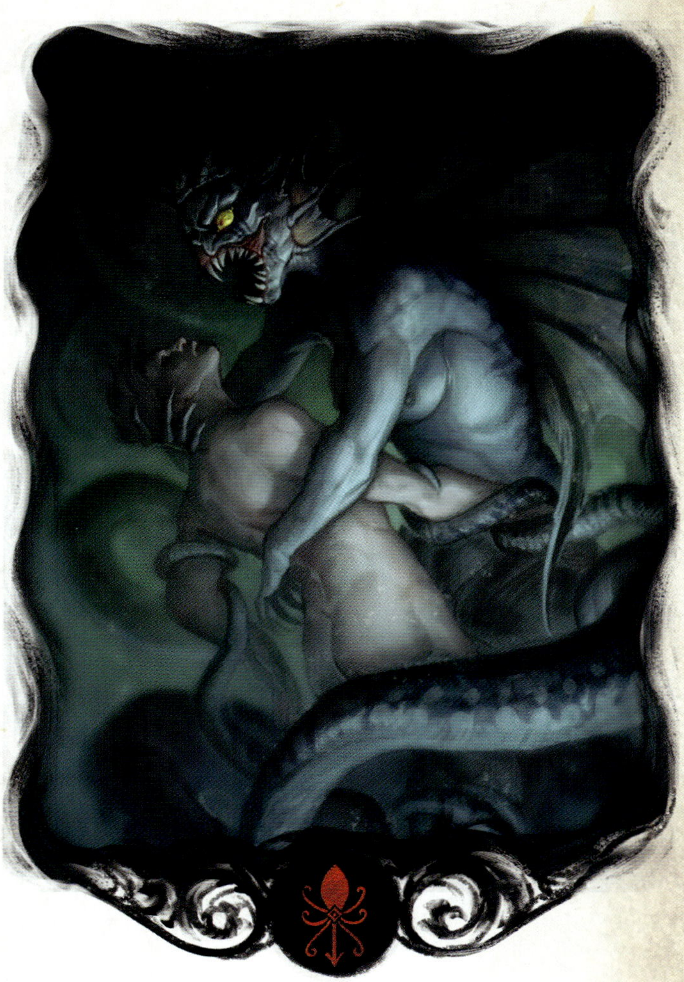

Allgemeines zu Dämonenpakten

- Ein Erzdämon kann einen Sterblichen jederzeit aus seinem Pakt entlassen, wird dies jedoch in der Regel nicht ohne triftigen Grund tun.
- Solange ein Pakt mit einem Erzdämon besteht, kann kein Pakt mit einem anderen Wesen (z. B. einem Elementarwesen, einer Fee oder einem anderen Erzdämon) geschlossen werden. Der Versuch eines neuen oder weiteren Paktschlusses scheitert immer automatisch und verärgert den erzdämonischen Herren des Paktierers.
- Bei Pakten muss zwischen Minderpakten und Seelenpakten unterschieden werden. Minderpakte berühren die Seele eines Paktierers zwar, aber er hat seine Seele nicht gänzlich verpfändet, und es ist deutlich leichter, einen solchen Pakt wieder rückgängig zu machen. Dafür bekommt ein Minderpaktierer auch weniger Paktgeschenke und Fähigkeiten. Seelenpaktierer haben hingegen bewusst einen Pakt geschlossen, und ihre Seele wird nach ihrem Tod in den Niederhöllen landen, sofern der Pakt nicht gebrochen und der Makel des Verdammten beseitig wurde (siehe unten). Als Gegenleistung bekommen sie deutlich mehr Macht und eine größere Auswahl an Paktgeschenken.

Kreise der Verdammnis und Paktgeschenke

Der Weg in die Niederhöllen wird bei einem Seelenpaktierer in den sogenannten **Kreisen der Verdammnis** (KdV) gemessen. Die Anzahl der KdV eines Paktierers ist gleichzeitig sein KdV-Wert, der bei einigen Paktgeschenken eine Rolle spielt. Es gibt sieben Kreise, und jeder Seelenpaktierer beginnt im ersten. Sie sind einerseits ein Zeichen der Macht, die der Paktierer von seinem Erzdämon erhält, andererseits zeigen sie auch an, wie weit er sich von der göttlichen Ordnung bereits entfernt hat. In einen weiteren Kreis steigt auf, wer dies freiwillig wünscht, um z. B. mehr Macht zu erhalten, oder wer seinem Herrn oder seiner Herrin gegenüber versagt hat und deswegen etwas gutmachen muss. Wer schließlich den siebten Kreis erreicht, dessen Seele wird bald endgültig vom dämonischen Herrn eingefordert.

Paktgeschenke sind im Grunde Sonderfertigkeiten, die man nur über einen Pakt erlangen kann.

Kein Seelenpaktierer kann mehr als 7 + KdV Paktgeschenke besitzen. Für Minderpaktierer gilt eine Obergrenze von 3 Paktgeschenken.

Bei Paktgeschenken mit mehreren Stufen zählt jede Stufe als eigenes Paktgeschenk. Der Paktierer, gleich ob Seelen- oder Minderpaktierer, kann mit seinen AP alle Paktgeschenke der Domäne seines Erzdämons oder mit allgemeiner Verbreitung als Sonderfertigkeiten aktivieren, solange er die Voraussetzungen erfüllt. Minderpaktierer gelten dabei als Paktierer im 1. KdV. Nur Paktierer können Paktgeschenke aktivieren.

Paktprobe

Die Paktprobe kommt zum Einsatz, wenn ein Kulturschaffender einen Pakt eingehen will (bei Seelenpaktierern) oder zu einem Pakt verführt wird (in der Regel bei Minderpaktierern). Obwohl Erzdämonen Paktierer auf Dere benötigen, um die Ordnung zu untergraben, gewähren sie nicht jedem Sterblichen ihre Gunst. Am Ende ist für einen Erzdämon der Tod eines Paktierers einkalkuliert und geplant – immerhin will er dessen Seele. Bis es soweit ist, hat der Paktierer aber eine Aufgabe zu erfüllen.

Eine Paktprobe entscheidet darüber, ob ein Kulturschaffender genügend Willen besitzt, um sich in den Augen des Erzdämons als geeignetes Werkzeug anzubieten. Paktproben werden nicht nur beim ersten Paktschluss eingesetzt, sondern auch dann, wenn ein Minderpaktierer zu einem Seelenpaktierer werden möchte oder ein Seelenpaktierer in einen höheren Kreis der Verdammnis aufsteigen will.

Paktprobe für einen Seelenpaktierer

- Um einen Seelenpakt mit einem Erzdämon einzugehen, muss ein Kulturschaffender die erklärte Absicht dazu äußern und den Erzdämon anflehen, ihn als seinen Diener zu akzeptieren.
- Der angehende Seelenpaktierer muss anschließend eine Probe auf Willenskraft –7 ablegen.
- Diese Probe kann durch bestimmte Situationen modifiziert werden (siehe Tabelle Modifikatoren der Paktprobe).
- Gelingt die Probe, betritt der Seelenpaktierer den 1. bzw. den nächsten Kreis der Verdammnis. Er bekommt sein Dämonenmal bzw. das bestehende Dämonenmal vergrößert sich. Zudem hat er nun Zugang zu Paktgeschenken des entsprechenden KdV mit der Verbreitung allgemein und der Domäne seines ausgewählten Erzdämons, die er mit AP aktivieren kann.
- Misslingt die Probe, so kommt kein Pakt zustande oder der Kulturschaffende kann keinen weiteren KdV aufsteigen. Er verliert auf der Stelle KdV x W3 LeP. Jemand, der aktuell keinen Pakt geschlossen hat und nicht über einen KdV-Wert verfügt, muss eine Probe auf Selbstbeherrschung (Handlungsfähigkeit bewahren) ablegen und 4–(QS/2) Stufen Verwirrung hinnehmen.
- Eine Paktprobe dauert nur 1 freie Aktion und kann – theoretisch – solange wiederholt werden wie jede Erfolgsprobe (siehe Regelwerk Seite 25). Der Erzdämon kann entscheiden, dass er aktuell keine weiteren Paktproben erlaubt, und erst zu einem späteren Zeitpunkt zustimmen, dass der Kulturschaffende es wieder versuchen darf.

Paktprobe für einen Minderpaktierer

- Um einen Minderpakt mit einem Erzdämon einzugehen, kann ein Kulturschaffender die erklärte Absicht dazu äußern und den Erzdämon anflehen, ihn als seinen Diener zu akzeptieren. Es ist jedoch auch möglich, zu einem solchen Pakt gezwungen zu werden, oder ihn beispielsweise durch den Genuss dämonischer Rauschmittel oder das Lesen dämonischer Bücher zu erlangen. Oft wird der Pakt ohne das Wissen des Paktierenden geschlossen. Dafür ist ein Minderpakt auch leichter wieder zu brechen, und die Seele des Paktierers ist nicht vollends an einen Erzdämon verpfändet.
- Wer einen Minderpakt eingehen will, muss eine Probe auf Willenskraft –3 ablegen.
- Diese Probe kann durch bestimmte Situationen modifiziert werden (siehe Tabelle Modifikatoren der Paktprobe).
- Gelingt die Probe, wird der Kulturschaffende zu einem Minderpaktierer. Er bekommt kein Dämonenmal, aber er hat nun Zugang zu Paktgeschenken, die eine Verbreitung von allgemein und der Domäne seines erwählten Erzdämons haben. Er kann nur Paktgeschenke wählen, die im 1. KdV wählbar sind.
- Misslingt die Probe, so kommt kein Pakt zustande. Der Kulturschaffende verliert auf der Stelle 1W3 LeP. Zudem muss er eine Probe auf Selbstbeherrschung (Handlungsfähigkeit bewahren) ablegen und 3–QS/2 Stufen Verwirrung hinnehmen.

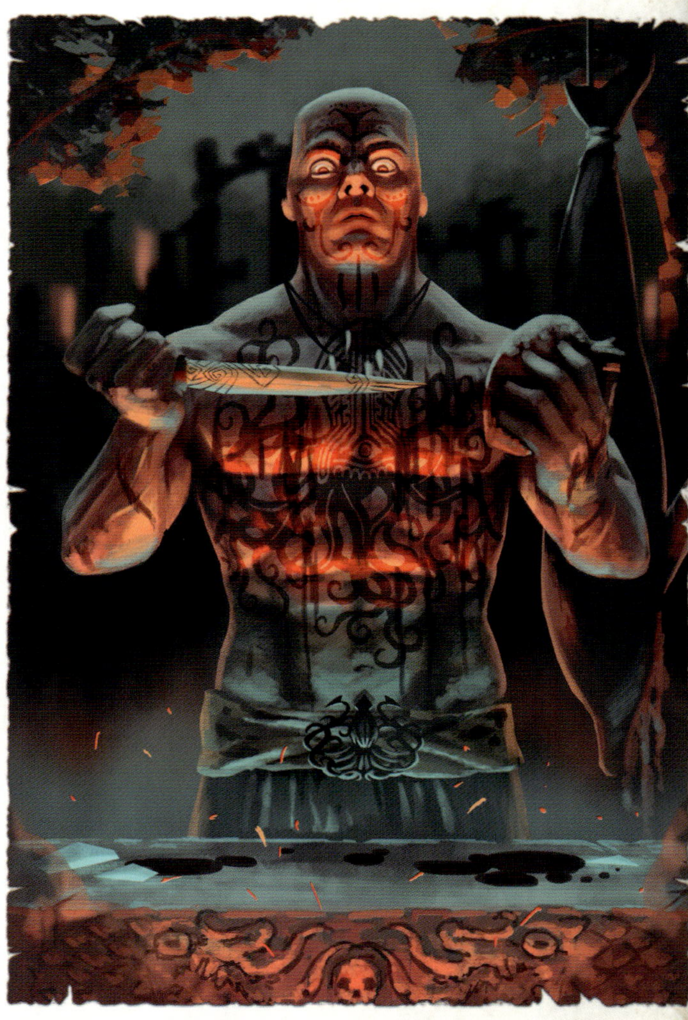

- Eine Paktprobe dauert nur 1 freie Aktion und kann – theoretisch – solange wiederholt werden wie jede Erfolgsprobe (siehe Regelwerk Seite 25). Der Erzdämon kann entscheiden, dass er aktuell keine weiteren Paktproben erlaubt, und erst zu einem späteren Zeitpunkt zustimmen, dass der Kulturschaffende es wieder versuchen darf.
- Wenn ein Minderpakt nicht freiwillig geschlossen wird, wird die Paktprobe von der Ursache ähnlich einer Gift- oder Krankheitsprobe gegen den Kulturschaffenden abgelegt. Der genaue Mechanismus der Paktprobe ist bei unterschiedlichen Ursachen angegeben.

Modifikatoren der Paktprobe

Situation	Modifikator
Jede Stufe Dämonische Auszehrung	+1
Geschlossener Minderpakt mit gleichem Erzdämon*	+1
Geschlossener Minderpakt mit anderem Erzdämon*	–2
Früherer Pakt mit anderem Erzdämon*	–3
Früherer Pakt oder Minderpakt mit gleichem Erzdämon, zwischenzeitlich Pakt gebrochen*	–5
Früherer Minderpakt mit anderem Erzdämon*	-1
Starke Emotionen (Wut, Verzweiflung, Hass), die den Paktschluss begünstigen	+1 bis +2
Paktvermittlung durch einen niederen Dämon**	+1
Paktvermittlung durch einen gehörnten Dämon mit bis zu 5 Hörnern**	+2
Paktvermittlung durch einen gehörnten Dämon mit mehr als 5 Hörnern**	+3
Paktprobe mit dem Erzdämon ist schon einmal misslungen***	–2 je weiterer Versuch

*) Nur einer der Modifikatoren kann gelten (immer der ungünstigste Modifikator).
**) Die Paktvermittlung ist ein Dienst von Dämonen und kann nur Pakte zu Erzdämonen der gleichen Domäne wie jener des paktvermittelnden Dämons unterstützen.
***) Dieser Modifikator wird wieder auf 0 gesetzt, sobald die Paktprobe zu dem ausgewählten Erzdämon gelingt.

Zeit*	Modifikator
Namenlose Tage	+1
Monat der Gottheit, die der Gegenspieler des Erzdämons ist	–1

*) Nur einer der Modifikatoren kann gelten (immer der ungünstigste Modifikator).

Ort*	Modifikator
Unheiligtum des Erzdämons, mit dem der Pakt geschlossen wurde	+2
Geweihter Boden	–1
Zweifachgeweihter Boden	–3
Heiliger Boden	–5

*) Nur einer der Modifikatoren kann gelten (immer der ungünstigste Modifikator).

Seelenpakt

Der klassische Seelenpakt ist ein bewusstes Herbeiführen eines Bündnisses mit einer niederhöllischen Macht. Ein Kulturschaffender verpfändet dabei seine Seele und wird zu einem Verdammten, der von den Paradiesen der Götter ausgeschlossen wird, dafür aber große Macht durch seinen erzdämonischen Patron erhält.

Vorteile eines Seelenpaktes

- Die Anrufungsschwierigkeit von Dämonen der Domäne des ausgewählten Erzdämons wird pro KdV um 1 erleichtert.
- Seelenpaktierer können sich allgemeine Paktgeschenke und Paktgeschenke der Domäne ihres Erzdämons aussuchen. Sie müssen dabei aber die Voraussetzungen erfüllen und die AP des Paktgeschenks bezahlen. Für sie gilt eine Begrenzung in Höhe von 7 + KdV Paktgeschenken (siehe Kreise der Verdammnis und Paktgeschenke).
- Der Seelenpaktierer kann einen Dämon aus der Domäne seines Erzdämons zwingen, wieder in die 7. Sphäre zurückzukehren (siehe Austreiben durch Paktierer). Diese Fähigkeit kann nur einmal alle 24 Stunden eingesetzt werden.
- Seelenpaktierer können die Kontrolle über Dämonen aus der Domäne ihres Erzdämons übernehmen, die sie selbst nicht beschworen haben (siehe Kontrollübernahme durch Paktierer). Diese Fähigkeit kann nur einmal alle 24 Stunden eingesetzt werden.

Nachteile eines Seelenpaktes

- Seelenpaktierer erhalten einen Makel und werden zu Verdammten (siehe Makel).
- Seelenpaktierer erhalten beim Paktschluss eine Persönlichkeitsschwäche oder eine Schlechte Eigenschaft nach Meisterentscheid, die passend für die Domäne ihres gewählten Erzdämons ist. Verfügen sie bereits über einen passenden Nachteil, kann der Meister auch bestimmen, dass bei Persönlichkeitsschwächen die Erschwernisse um 2 steigen und bei Schlechten Eigenschaften die Probe auf Willenskraft um 2 zusätzlich erschwert ist.
- Seelenpaktierer werden gegenüber karmalen Objekten und geweihten Orten wie Dämonen aus der Domäne ihres Erzdämons behandelt. Sie nehmen entsprechend Schaden durch die Berührung

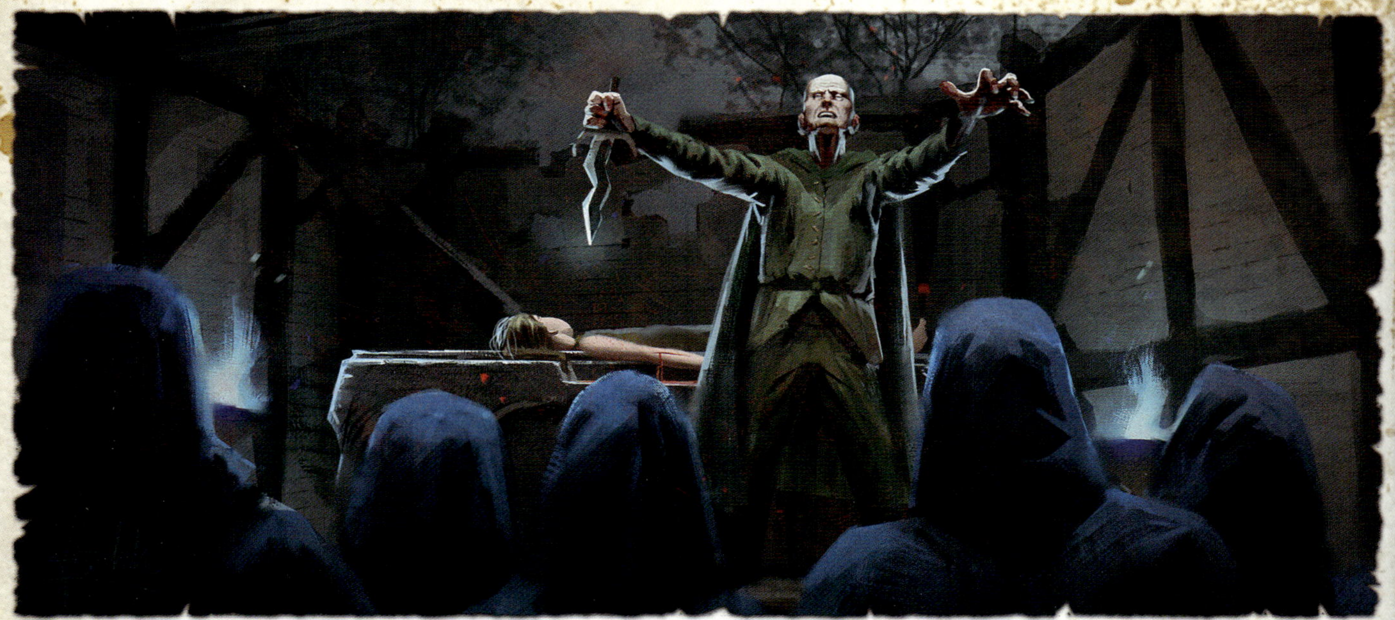

solcher Objekte, durch karmalen Waffenschaden und durch den Aufenthalt an passenden Orten (siehe Karmale Objekte).

- Seelenpaktierer verlieren den Vorteil Geweihter und alle anderen Vorteile, die damit verbunden sind (im Detail ist dies Meisterentscheid). Sie bekommen dafür alle AP zurück, die sie für diese Vorteile aufgewandt haben. Ihre Karmaenergie sinkt auf 0, sie können zudem keine liturgischen Fähigkeiten mehr einsetzen oder Karmaenergie regenerieren.
- Seelenpaktierer gelten nicht mehr als ihrem Pantheon gegenüber initiiert.

Minderpakt

Ein Minderpakt (oder Minderer Pakt) ist ein Pakt, der von einem Kulturschaffenden nicht zwangsweise bereitwillig eingegangen wird, sondern den er auch durch andere Umstände erhalten kann. Dies umfasst unter anderem Zwang, bestimmte Rauschmittel, das Lesen von Büchern, die dem Erzdämon wohlgefällig sind, seltene magische Rituale, den längeren Aufenthalt in einem Unheiligtum und die Vermittlung durch einen Seelenpaktierer.

Vorteile eines Minderpaktes

- Minderpaktierer können sich allgemeine Paktgeschenke und Paktgeschenke der Domäne ihres Erzdämons aussuchen. Sie müssen dabei aber die Voraussetzungen erfüllen und die AP der Paktgeschenke bezahlen. Für sie gilt eine Begrenzung in Höhe von 3 Paktgeschenken (siehe Kreise der Verdammnis und Paktgeschenke).
- Minderpaktierer gelten gegenüber karmalen Objekten wie Kulturschaffende ohne Pakt. Sie nehmen weder speziellen Schaden durch Berührung von karmalen Objekten noch durch geweihte Waffen oder heiligen Boden (siehe Karmale Objekte).

Nachteile eines Minderpaktes

- Minderpaktierer erhalten einen Makel und werden zu Frevlern (siehe Makel).
- Minderpaktierer erhalten beim Paktschluss eine Persönlichkeitsschwäche oder eine Schlechte Eigenschaft nach Meisterentscheid, die passend für die Domäne ihres gewählten Erzdämons ist. Verfügen sie bereits über einen passenden Nachteil, kann der Meister auch bestimmen, dass bei Persönlichkeitsschwächen die Erschwernisse um 1 steigen und bei Schlechten Eigenschaften die Probe auf Willenskraft um 1 zusätzlich erschwert ist.
- Minderpaktierer verlieren den Vorteil Geweihter und alle anderen Vorteile, die damit verbunden sind (im Detail ist dies Meisterentscheid). Sie bekommen dafür alle AP zurück, die sie für diese Vorteile aufgewandt haben. Ihre Karmaenergie sinkt auf 0, sie können zudem keine liturgischen Fähigkeiten mehr einsetzen oder Karmaenergie regenerieren.
- Minderpaktierer gelten nicht mehr als ihrem Pantheon gegenüber initiiert.

Karmale Objekte

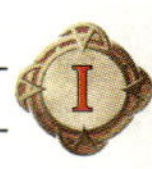

Die vorliegende Regel ist eine Fokusregel der Stufe I zum Themenkomplex Gesegnete und geweihte Objekte.

Berührungsschaden: Wie wirkt sich das Objekt bei einer Berührung durch Dämonen oder andere Wesen aus, die auf karmale Objekte empfindlich reagieren?

Waffenschaden: Welchen Schaden erleiden Dämonen (oder andere Wesen, die auf karmale Objekte empfindlich reagieren) durch gesegnete/geweihte/zweifachgeweihte/heilige Waffen?

Auraschaden: Was geschieht mit Dämonen (oder anderen Wesen, die auf karmale Objekte empfindlich reagieren), wenn sie sich auf gesegnetem/geweihtem/zweifachgeweihtem/heiligem Boden oder in einem Tempel aufhalten? Hierbei muss kein Bodenkontakt bestehen: Dämonen (oder andere Wesen, die auf karmale Objekte empfindlich reagieren) erleiden den Schaden an ihrer Aura, wenn sie sich in einem Tempel aufhalten.

Gesegnet
Berührungsschaden: Eine kurze Berührung erzeugt bei Dämonen 1W3 SP, dauerhafter Kontakt wird jede Kampfrunde schädlicher. In der ersten Kampfrunde sind es noch 1W3 SP, in der zweiten 1W3+1, in der dritten 1W3+2. Von der jeweiligen Gegengottheit gesegnetes Material verdoppelt den Schaden. Nach 3 Kampfrunden Körperkontakt mit Dämonen werden gesegnete Materialien zerstört.
Waffenschaden: kein Nutzen
Auraschaden: gibt es nicht

Geweiht
Berührungsschaden (nur bei Objektweihe)*:* Eine kurze Berührung erzeugt bei Dämonen 1W3 SP, dauerhafter Kontakt wird jede Kampfrunde schädlicher. In der ersten Kampfrunde sind es noch 1W3 SP, in der zweiten 1W3+1, in der dritten 1W3+2 usw. Von der jeweiligen Gegengottheit geweihtes Material verdoppelt den Schaden.
Waffenschaden (nur bei Objektweihe)*:* Angriffe mit geweihten Waffen bewirken bei Dämonen regulären Schaden. Angriffe mit geweihten Waffen der Gegengottheit erzeugen doppelte Trefferpunkte. Die Trefferpunkte werden ausgewürfelt, dann verdoppelt, anschließend wird der Rüstungsschutz abgezogen.
Auraschaden (nur bei Bodenweihe und Tempelweihe)*:* Pro Minute auf geweihtem Boden oder in einem Tempel erleiden Dämonen 1W6 SP. Sind Boden oder Tempel der Gegengottheit des Dämons geweiht, verdoppelt sich der Schaden.

Zweifachgeweiht
Berührungsschaden: gibt es nicht
Waffenschaden: gibt es nicht
Auraschaden: Pro 10 KR auf zweifachgeweihtem Boden erleiden Dämonen 1W6 SP. Bei zweifachgeweihtem Boden der Gegengottheit verdoppelt sich der Schaden.

Heilig
Berührungsschaden: Eine kurze Berührung erzeugt bei Dämonen 1W6 SP, dauerhafter Kontakt wird jede Kampfrunde schädlicher. In der ersten Kampfrunde sind es noch 1W6 SP, in der zweiten 1W6+1, in der dritten 1W6+2 usw. Von der jeweiligen Gegengottheit geheiligtes Material verdoppelt den Schaden.
Waffenschaden: Angriffe mit heiligen Waffen bewirken bei Dämonen regulären Schaden. Angriffe mit heiligen Waffen der Gegengottheit erzeugen doppelte Trefferpunkte. Die Trefferpunkte werden ausgewürfelt, dann verdoppelt, anschließend wird der Rüstungsschutz abgezogen.
Auraschaden: Pro KR auf heiligem Boden erleiden Dämonen 1W6 SP. Bei heiligem Boden der Gegengottheit verdoppelt sich der Schaden.

Geweihte Waffen
Eine geweihte Waffe kann sowohl als echte Waffe wie auch als geweihter Gegenstand Schaden verursachen (Berührungsschaden und Waffenschaden). Es kommt auf den Einsatz des Gegenstandes an. Wer einen Rondrakamm einem Dämon beispielsweise nur auf die Stirn legt, richtet damit in der ersten Kampfrunde 1W3 SP, in der zweiten 1W3+1 SP usw. an. Nutzt ein Held den Rondrakamm stattdessen als Waffe, verursacht die Waffe die üblichen TP eines Rondrakamms. Gesegnete Waffen gibt es grundsätzlich nicht. Der Objektsegen wird dafür nicht verwendet.

Makel

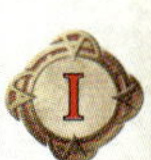

Die vorliegende Regel ist eine Fokusregel der Stufe I zum Themenkomplex Aventurische Liturgien.

Frevler
Im Gegensatz zu den Eid- und Schwurbrechern haben Frevler nicht nur ihr Wort gebrochen, sondern sich götterlästerlich und frevlerisch verhalten. Der Frevler-Makel wird üblicherweise durch die Exkommunikation oder den direkten Willen einer Gottheit auferlegt. Gründe dafür sind vor allem:

- Angriff auf Geweihte der eigenen Religion
- Zerstörung und Schändung von Tempeln und heiligen Orten der eigenen Religion
- heilige Tiere töten, auch wenn die eigene Religion es verbietet
- andere Personen zu Freveln gegenüber der eigenen Religion überreden
- Minderpakte

Konsequenzen: hilfreiche Segnungen wirken nicht mehr auf den Frevler, hilfreiche Liturgien, die auf den Frevler gewirkt werden sollen, sind um 3 erschwert; nach ihrem Tod wandert die Seele selten in ein Totenreich, sondern verbleibt fast immer als ruheloser Geist auf Dere.
Buße: harte Strafe

Verdammter
Um den Makel des Verdammten zu erlangen, muss jemand nicht nur gegen die Prinzipien seiner Götter verstoßen, sondern seine Seele verpfändet haben. Dies gilt insbesondere für Dämonenpaktierer und Geweihte des Namenlosen. Durch den Paktschluss oder die erste Selbstopferung wird ihre Seele mit dem Makel des Verdammten belegt.
Darüber hinaus können Geweihte mittels der Zeremonie Anathema oder Götter durch direktes Eingreifen eine Person verdammen.
Konsequenzen: Hilfreiche Liturgien von Geweihten können nicht mehr auf Verdammte gewirkt werden; Verdammten ist der Zutritt in ein Totenreich verwehrt, sie können nach ihrem Tod nur als ruhelose Geister umhergehen oder verbringen ihre Zeit bis ans Ende aller Tage in den Niederhöllen oder den Gefilden des Namenlosen.
Buße: Nur ein Gott persönlich kann einen Verdammten erlösen.

Dämonische Auszehrung

Durch manche Paktgeschenke kann der Paktierer Zustandsstufen in *Dämonischer Auszehrung* erleiden. Ein Paktierer, der seine Paktgeschenke einsetzt, kann dabei innerhalb von 24 Stunden so viele dadurch erlittene Stufen des Zustands ignorieren, wie sein KdV-Wert beträgt. Regeltechnisch erleidet er diese Stufen nicht, erst alle weiteren, die über den KdV-Wert hinausgehen, werden als Stufen der *Dämonischen Auszehrung* gezählt. Ein Paktierer im 3. Kreis der Verdammnis könnte also beispielsweise 3 Stufen des Zustands durch Einsatz von Paktgeschenks-Fähigkeiten am Tag ignorieren, jede weitere Stufe würde aber auf den Zustand aufgerechnet. *Dämonische Auszehrung* baut sich alle 6 Stunden um eine Stufe ab.

Dämonische Auszehrung	
Auszehrungsstufe	**Auswirkung**
Stufe I	In der nächsten Regenerationsphase regeneriert der Paktierer 1 LeP (und falls vorhanden 1 AsP) weniger; alle Proben sind um 1 erschwert; eine Paktprobe mit dem gewählten Erzdämon ist hingegen um 1 erleichtert.
Stufe II	In der nächsten Regenerationsphase regeneriert der Paktierer nur die Hälfte an LeP (und falls vorhanden auch nur die Hälfte an AsP); alle Proben sind um 2 erschwert; eine Paktprobe mit dem gewählten Erzdämon ist hingegen um 2 erleichtert.
Stufe III	In der nächsten Regenerationsphase regeneriert der Paktierer keine LeP (und falls vorhanden auch keine AsP); alle Proben sind um 3 erschwert; eine Paktprobe mit dem gewählten Erzdämon ist hingegen um 3 erleichtert.
Stufe IV	*Handlungsunfähig*, in der nächsten Regenerationsphase regeneriert der Paktierer keine LeP (und falls vorhanden auch keine AsP); eine Paktprobe mit dem gewählten Erzdämon ist hingegen immer noch möglich und um 4 erleichtert.

Das Dämonenmal

Seelenpaktierer (nicht jedoch Minderpaktierer) erhalten nach dem Schluss ihres Paktes mit dem 1. Kreis der Verdammnis ein sogenanntes Dämonenmal. Dieses Mal ist ein Symbol für den Pakt und passend zum jeweiligen Erzdämon gestaltet. In der Regel handelt es sich dabei um eine Veränderung des Körpers, in seltenen Fällen sind aber auch andersartige Dämonenmale möglich.

- Allen Malen ist gemein, dass sie zwar zu Beginn subtil sein können, mit steigenden KdV aber immer größer werden und in allen Fällen durch Untersuchungen entdeckt werden können. Um ein Dämonenmal bei einer Untersuchung zu entdecken, ist eine Probe auf Sinnesschärfe (Suchen) erleichtert um KdV nötig.
- Das Dämonenmal kann nicht entfernt werden, auch nicht durch chirurgische, magische oder karmale Eingriffe, solange der Seelenpakt besteht. Sollte es dennoch entfernt werden, entsteht es innerhalb 1 KR wieder, möglicherweise an einer anderen Stelle des Körpers.
- Ein Dämonenmal bringt keine regeltechnischen Vorteile. Der Nachteil besteht darin, dass man als Paktierer erkannt werden kann.

Beispielhafte Dämonenmale bei Charyptoroth-Paktierern

- eine Seeschlangentätowierung, die sich ab und an bewegt
- ein übler, an stinkenden Fisch oder fauligen Seetang erinnernder Geruch, der vom Seelenpaktierer ausgeht
- Hände, die die Form von Krebsscheren annehmen
- fischschuppige Haut
- Der Selenpaktierer zieht ständig eine Wasserspur hinter sich her, da er größere Mengen an Wasser ausschwitzt.
- Zwischen den Haaren beginnen Seetang und Algen zu wachsen.

Kontrollübernahme durch Paktierer

Seelenpaktierer können versuchen, Dämonen der Domäne ihres Erzdämons zu übernehmen.

- Dazu muss ihnen eine Probe auf Willenskraft modifiziert um die SK des Dämons gelingen.
- Diese Probe kann durch verschiedene Modifikatoren beeinflusst werden (siehe Tabelle Modifikatoren bei der Übernahme der Kontrolle).
- Der Dämon darf sich zu Beginn des Übernehmens maximal 8 Schritt entfernt befinden.
- Das Übernehmen dauert 7–QS KR.
- Gelingt die Probe, wurde der Dämon übernommen. Er erfüllt noch so viele Dienste, wie der bisherige Beschwörer übrig hatte –1 (mindestens aber 1 Dienst).
- Misslingt die Probe, wendet sich der Dämon 24 Stunden lang gegen den Paktierer. Dies kann je nach Dämon bedeuten, dass dieser den Paktierer angreift oder Zauber und andere Kräfte einsetzt. Der Dämon unterbricht dies nur, wenn sein Beschwörer ihm einen anderen Befehl erteilt und einen Dienst aufwendet.

Modifikatoren bei der Übernahme der Kontrolle	
Dämon	**Modifikator**
Niederer Dämon	–1
Gehörnter Dämon mit bis zu 5 Hörnern	–3
Gehörnter Dämon mit mehr als 5 Hörnern	–5

Austreiben durch Paktierer

Seelenpaktierer können versuchen, Dämonen der Domäne ihres Erzdämons auszutreiben.

- Dazu muss ihnen eine Probe auf Willenskraft modifiziert um die Anrufungsschwierigkeit des Dämons gelingen.
- Diese Probe kann durch verschiedene Modifikatoren beeinflusst werden (siehe Tabelle Modifikatoren beim Austreiben).
- Der Dämon darf sich zu Beginn des Austreibens maximal 8 Schritt entfernt befinden.
- Das Austreiben dauert 7–QS KR.
- Gelingt die Probe, ist der Dämon ausgetrieben.
- Misslingt die Probe, wendet sich der Dämon 24 Stunden lang gegen den Paktierer. Dies kann je nach Dämon bedeuten, dass dieser den Paktierer angreift oder Zauber und andere Kräfte einsetzt. Der Dämon unterbricht dies nur, wenn sein Beschwörer ihm einen anderen Befehl erteilt und einen Dienst aufwendet.

Modifikatoren beim Austreiben

Dämon	Modifikator
Niederer Dämon	+/–0
Gehörnter Dämon mit bis zu 5 Hörnern	–2
Gehörnter Dämon mit mehr als 5 Hörnern	–4

Paktgeschenke

Auf Wasser gehen

Eines der häufigsten Paktgeschenke von Charyptoroth-Paktierern ist die Fähigkeit, auf dem Wasser zu laufen.
Wirkung: Unter dem Einfluss dieser Fähigkeit kann die Paktiererin für KdV Stunden über Wasser laufen, ganz so, als ob sie über Erde gehen würde. Bei starkem Wellengang kann der Meister entscheiden, dass die GS der Paktiererin sinkt. Der Einsatz dieser Fähigkeit verursacht 1 Stufe *Dämonische Auszehrung.*
Verbreitung: Charyptoroth
Kreis: 1
AP-Wert: 12 Abenteuerpunkte

Dämonische Nahkampfwaffe

Paktierer vermögen Waffen mit dämonischer Kraft auszustatten, um ihren Gegnern, insbesondere Geweihten, schreckliche Wunden zu schlagen.

Wirkung: Der Paktierer erwählt sich eine Nahkampfwaffe, die zum Charakter seines Erzdämons passt, und lädt diese mit dämonischer Macht auf. Dieser Vorgang dauert 7 Stunden, die Waffe ist danach für 7 Tage eine dämonische Waffe. Sie verursacht +1 TP pro KdV. Gegen Geweihte erhält der Paktierer einen zusätzlichen Bonus von +2 TP, gegen Geweihte der Gegengottheit wird der Schaden zusätzlich sogar verdoppelt (erst werden die TP ausgewürfelt, dann verdoppelt, dann wird der RS abgezogen). Nur der Paktierer, der die dämonische Waffe erschaffen hat, kann von der Erhöhung der TP profitieren. Ein Paktierer kann keine weitere dämonische Nahkampfwaffe erschaffen, während die vorherige noch aktiv ist. Der Einsatz dieser Fähigkeit verursacht *Dämonische Auszehrung*, deren Stufe abhängig von der Reichweite und den TP-Würfeln der Waffe ist (siehe unten).
Verbreitung: alle
Kreis: 2
AP-Wert: 20 Abenteuerpunkte

Dämonische Auszehrung bei Dämonischen Nahkampfwaffen
Die Reichweite der gewählten Waffe und die Anzahl der TP-Würfel geben an, wie viele Stufen *Dämonische Auszehrung* bei der Herstellung einer dämonischen Nahkampfwaffe verursacht werden. Die verursachten Zustandsstufen beider Kategorien werden addiert.
Ein Zweihänder (2W6+4 TP, RW mittel) würde bei der Erschaffung beispielsweise 3 Stufen *Dämonische Auszehrung* verursachen.

Reichweite	Dämonische Auszehrung
Kurz	+1
Mittel	+2
Lang	+3
Überlang	+4

TP-Würfel	Dämonische Auszehrung
1 TP-Würfel	+0
2 TP-Würfel	+1

Dämonischer Fokus

Ein dämonischer Fokus ist ein Gegenstand, der nicht nur mit dämonischer Macht aufgeladen wurde, sondern auch das Beschwören von Dämonen erleichtert.
Wirkung: Der Paktierer erwählt sich einen Gegenstand, der zum Charakter seines Erzdämons passt, und lädt diesen mit dämonischer Macht auf. Dieser Vorgang dauert 7 Stunden, der Gegenstand bleibt danach für 7 Tage ein dämonischer Fokus und kann dazu benutzt werden, die Invokation von Dämonen aus der Domäne des Erzdämons zu erleichtern. Die dafür notwendige Probe wird um 1 erleichtert. Nur der Paktierer, der den dämonischen Fokus erschaffen hat, kann von der Erleichterung profitieren. Ein Paktierer kann keinen weiteren dämonischen Fokus erschaffen, während der vorherige noch aktiv ist. Der Einsatz dieser Fähigkeit verursacht 2 Stufen *Dämonische Auszehrung.*
Verbreitung: allgemein
Kreis: 2
AP-Wert: 15 Abenteuerpunkte

Durchsichtig

Manche Paktierer Charyptoroths können sich im Wasser unsichtbar machen, indem ihr Körper so durchscheinend wird wie der einer Qualle.
Wirkung: Der Körper des Paktierers wird im Wasser durchsichtig, sodass er den Status *Unsichtbar* erhält. Er benötigt dazu 1 freie Aktion und kann den Status jederzeit aufgeben. Verlässt er das Wasser, endet der Status augenblicklich. Die Fähigkeit wirkt maximal KdV in Stunden. Der Paktierer erleidet beim Einsatz dieser Fähigkeit 1 Stufe *Dämonische Auszehrung.*
Verbreitung: Charyptoroth
Kreis: 2
AP-Wert: 15 Abenteuerpunkte

Erhebung von Wasserleichen

Vielen Charyptoroth-Paktierern sagt man nach, dass sie mit der Kraft ihrer Erzdämonin die Leichen von Verstorbenen wiedererwecken können, sofern diese im Wasser ums Leben gekommen sind.
Wirkung: Der Charyptoroth-Paktierer kann bis zu KdV+2 Wasserleichen (siehe Seite **10**) in einer Umgebung von bis zu 16 Schritt zu Untoten erheben, die dauerhaft seinen Befehlen folgen und beliebige Dienste für ihn verrichten. Um die Leichen zu erheben, benötigt der Paktierer 1 Aktion. Ein Paktierer kann keine weiteren Wasserleichen erschaffen, während die vorherigen noch aktiv sind und über LeP verfügen. Der Einsatz dieser Fähigkeit verursacht 1 Stufe *Dämonische Auszehrung.*
Verbreitung: Charyptoroth
Kreis: 2
AP-Wert: 15 Abenteuerpunkte

Fischgift

Von den Charyptoroth-Paktierern weiß man, dass viele von ihnen über Kräfte verfügen, um Fische und andere Meeresbewohner zu vergiften und zu töten. Das Fischgift ist der Schrecken aller efferdgefälligen Meerestiere und kann selbst Wale und Delphine krank machen.
Wirkung: Der Paktierer kann in einem Radius von KdV x 5 Schritt um sich herum ein Fischgift absondern. Dazu muss er sich selbst im Wasser befinden. Das

Fischgift tötet alle Meereslebewesen der Größenkategorie *klein* und *winzig* auf der Stelle (z. B. Fische und Krebse und damit potentiell auch einen Teil des Fangs der örtlichen Fischer). Größere Meereslebewesen sind eine Woche lang krank. Übernatürliche Meeresbewohner sind gegen die Wirkung des Fischgiftes nach Meisterentscheid immun oder zumindest resistenter. Gleiches gilt für kulturschaffende Meeresbewohner wie Necker. Der Einsatz dieser Fähigkeit verursacht 1 Stufen *Dämonische Auszehrung*.
Verbreitung: Charyptoroth
Kreis: 1
AP-Wert: 10 Abenteuerpunkte

Krakenruf I/II/III

Eine der bekanntesten Fähigkeiten von Charyptoroth-Paktierern ist der Krakenruf. Damit lassen sich alle Arten von Meeresungeheuern herbeirufen.
Wirkung: Der Charyptoroth-Paktierer kann ein Wasserungeheuer in einem Radius von KdV Meilen zu sich rufen. Er kann dabei nur bestimmte, ihm bekannte Kreaturen rufen. Arten von Wasserungeheuern, die er nicht kennt, kann er nicht rufen. Das Wesen bewegt sich umgehend zu ihm, ist aber nicht von ihm beherrscht, sondern betrachtet ihn eventuell als Beute. Die maximale Größe des gerufenen Ungeheuers ist abhängig von der Stufe der Fertigkeit. Um diese Fähigkeit zu aktivieren, muss der Paktierer 1 Aktion einsetzen. Die Wirkung hält 6 Stunden an. Der Einsatz dieser Fähigkeit verursacht 1 Stufe *Dämonische Auszehrung*.
Verbreitung: Charyptoroth
Kreis: 2 (Stufe I), 3 (Stufe II), 4 (Stufe III)
AP-Wert: 10 Abenteuerpunkte pro Stufe

Maximale Größe des Ungeheuers	
Stufe	**maximale Größenkategorie des Ungeheuers**
Stufe I	mittel
Stufe II	groß
Stufe III	riesig

Resistenz gegen Götterwirken I-VII

Viele Paktierer verfügen über ein Paktgeschenk, das es ihnen erlaubt, sich gegenüber Segnungen, Liturgien und Zeremonien besser zu schützen.
Wirkung: Sollten Segnungen, Liturgien oder Zeremonien gegen den Paktierer gewirkt werden, kann er seine SK und ZK um 1 pro Stufe der Fähigkeit erhöhen. Die Aktivierung dieser Fähigkeit erfordert eine freie Aktion. Die Boni halten 6 Stunden an. Der Paktierer erleidet beim Einsatz dieser Fähigkeit 1 Stufe *Dämonische Auszehrung*.
Verbreitung: allgemein
Kreis: Für Stufe I Kreis 1, für Stufe II Kreis 2, für Stufe III Kreis 3 usw.
AP-Wert: 15 Abenteuerpunkte pro Stufe

Nachtschwarze Welle

Eine machtvolle Waffe der Charyptoroth-Paktierer ist diese dunkle Welle, die sie auf eine ganze Gruppe von Gegnern lenken können.
Wirkung: Der Paktierer kann eine größere Wasserquelle (etwa das Meer, einen See oder einen Fluss) in bis zu 32 Schritt Reichweite dazu bringen, eine Welle gegen seine Feinde zu schleudern. Dazu muss er 1 Aktion aufwenden.
Jedem Opfer der Welle muss eine Probe auf *Körperbeherrschung (Balance)* erschwert um 3 gelingen, um nicht zu stürzen und den Status *Liegend* zu erleiden. Gegner der Größenkategorie *riesig* sind gegen die Auswirkungen der Welle immun. Maximal können bis zu 6 Personen, die der Paktierer auswählen darf, von der Wirkung betroffen sein. Diese Gegner sowie die

Wasserquelle müssen sich innerhalb der Reichweite von 32 Schritt um den Paktierer befinden. Der Paktierer erleidet beim Einsatz dieser Fähigkeit 1 Stufe *Dämonische Auszehrung.*
Verbreitung: Charyptoroth
Kreis: 2
AP-Wert: 12 Abenteuerpunkte

Plankengang

Bei Kämpfen auf unruhiger See kann es von entscheidendem Vorteil sein, wenn man vom Schwanken des Schiffs nicht betroffen ist.
Wirkung: Der Charyptoroth-Paktierer kann auf Booten, Schiffen und anderen Wasserfahrzeugen sicher stehen, ohne dass er schwankt oder zu Boden stürzt. Weder können ihn Wellen umwerfen, noch rutscht er bei unruhigem Seegang aus. Proben auf *Körperbeherrschung (Balance* oder *Kampfmanöver)* sind um KdV x 2 erleichtert, wenn es darum geht, auf einem Wasserfahrzeug einen festen Stand zu bewahren. Um diese Fähigkeit zu aktivieren, muss der Paktierer 1 freie Aktion einsetzen. Die Wirkung hält 12 Stunden an. Der Einsatz dieser Fähigkeit verursacht 1 Stufe *Dämonische Auszehrung.*
Verbreitung: Charyptoroth
Kreis: 1
AP-Wert: 5 Abenteuerpunkte

Kleines Simulacrum

Ein Simulacrum ist ein Objekt, das einem Paktierer als Sitz seiner Lebenskraft dient. Solange es nicht zerstört wird, ist der Paktierer kaum zu töten.
Wirkung: Die Lebenskraft des Paktierers wird in eine ihm ähnliche Statuette gebunden. Das dämonische Ritual dauert 7 Stunden. Danach verfügt der Paktierer über ungeahnte Selbstheilungskräfte. Er regeneriert pro KR 2W6 LeP + KdV. Selbst abgeschlagene Gliedmaßen wachsen wieder nach, sogar der Kopf. Abgeschlagene Extremitäten verfaulen auf der Stelle, während sie am größten erhaltenen Stück des Körpers nachwachsen. Der Paktierer stirbt nur, wenn sein Körper vollständig zerstört wird (z. B. Sturz in einen Lavasee, Säurebad), er innerhalb von einer KR mehr SP erleidet, als seine LE und seine KO zusammen betragen (also sein negativer KO-Wert unterschritten wird), oder die Statuette zerstört wird. Gleich aus welchem Material die Statuette besteht, sie weist 20 Strukturpunkte auf. Ein Paktierer kann kein weiteres Simulacrum erschaffen, während das vorherige noch aktiv ist. Der Einsatz dieser Fähigkeit verursacht 4 Stufen *Dämonische Auszehrung.*
Verbreitung: allgemein
Kreis: 3
AP-Wert: 30 Abenteuerpunkte

Unheiligtum errichten

Unheiligtümer sind Orte, an denen die Kraft eines Erzdämons spürbar ist und die eine ähnliche Funktion für Paktierer haben wie die Tempel von Göttern für Geweihte.
Wirkung: Der Paktierer kann einen Ort, der maximal die Größe eines durchschnittlichen Tempels aufweisen darf, zu einem Unheiligtum seines Erzdämons machen. Das entsprechende Ritual dauert 7 Stunden. Danach gilt der Ort für KdV Monate als Unheiligtum•. Geweihte haben beim Wirken von Zeremonien zu beachten, dass für sie an diesem Ort Erschwernisse gelten (siehe **Regelwerk** Seite **313**). Paktierer des Erzdämons, dem das Unheiligtum geweiht ist, regenerieren in ihrer Regenerationsphase 1W6 LeP zusätzlich. Zudem ist hier das Beschwören von Dämonen aus der Domäne des Erzdämons um 1 erleichtert. Ein Paktierer kann kein weiteres Unheiligtum erschaffen, während das vorherige noch aktiv ist. Der Einsatz dieser Fähigkeit verursacht 3 Stufen *Dämonische Auszehrung.*
Verbreitung: allgemein
Kreis: 2
AP-Wert: 25 Abenteuerpunkte

• Es gibt Paktierer, die über Fähigkeiten verfügen, dauerhafte Unheiligtümer zu erschaffen.

Wasserbrücke

Eine Brücke aus Wasser kann dazu dienen, eine Verbindung zwischen zwei Schiffen herzustellen oder sich aus einer misslichen Lage zu befreien.
Wirkung: Von den Füßen des Paktierers ausgehend erscheint eine Brücke aus fauligem Wasser. Ihre maximale Länge beträgt KdV x 5 Schritt, die maximale Breite 1 Schritt. Sie ist entweder waagerecht oder leicht gewölbt, muss aber an keiner Stelle den Boden berühren. Die Wasserbrücke hält für 15 Minuten. Wird sie auf ihrer gesamten Fläche mit einem höheren Gewicht als 500 Stein belastet, bricht sie zusammen und der Einsatz des Paktgeschenkes endet vorzeitig. Das Gleiche geschieht, wenn sie mit Waffengewalt zerstört wird, wobei sie insgesamt 100 Strukturpunkte aufweist. Der Einsatz dieser Fähigkeit verursacht 1 Stufe *Dämonische Auszehrung.*
Verbreitung: Charyptoroth
Kreis: 2
AP-Wert: 15 Abenteuerpunkte

INNERAVENTURISCHE QUELLEN

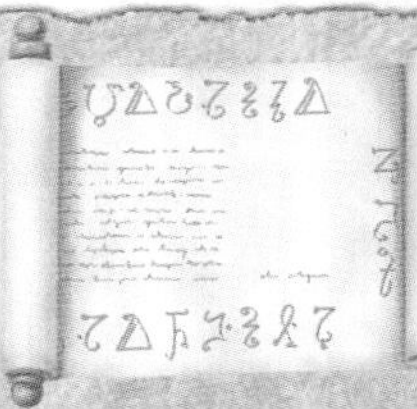

»... dessen Name Numinoru war. Denn neben Efferds Schwester Charyptoroth ist er der jüngste Bruder und dennoch, so sagt man, derjenige mit der größten Weisheit. Er soll es gewesen sein, der vor Äonen den Verrat seiner Schwester aufdeckte, ihre Korrumpierung erkannte und seine unsterblichen Brüder und Schwestern überzeugte, gegen sie anzukämpfen. Die Frage ist, was versprach er sich davon? Natürlich, der geneigte Leser mag nun behaupten, dass Götter nun einmal gut sind. Aber ich bitte euch. Darüber sind wir doch im Fortgang der Chroniken bereits hinaus. Welchen Vorteil hatte Numinoru also, seine Schwester zu bekämpfen? Im Gegensatz zu seinem stürmischen Bruder Efferd ist Numinorus Wesen ruhig und gelassen. Er ist stets gleichmütig und besitzt Kalkül. Auch diesen Krieg, den er hier focht: Er mag ihn von langer Hand geplant haben, vielleicht bereits seit Äonen. Numinoru ist geduldig. Er erreicht seine Ziele, denn er denkt nicht im Heute, nur im Morgen. Ob er eines Tages zurückkehren wird, um seinen großen Plan, sein äonenlang Stück für Stück vorbereitetes Meisterwerk durchzuführen? Dieses Wissen liegt verborgen im Meer, so tief, wie kein Mensch tauchen kann. Und wann dieser Tag kommen mag? Weiß dies wirklich nur Satinav? Denn eines ist sicher: Beschäftigt man sich mit Numinoru, so begreift man, dass ›Ewig ist nur Satinav‹ ein wahrlich veraltetes Sprichwort ist.«

—Auszug aus den ketzerischen Chroniken von Ilaris, verschlossen in den Bleikammern des Ordens vom Bannstrahl Praios' in Auraleth

»... für welche sich im Besonderen die Invokation der Diener aus der Domäne Gal'k'zuuls, dem Laien auch als Charyptoroth bekannt, eignet. Denn das Gefolge der Herrin der Tiefe ist so zahlreich wie die Tentakel ihres eigenen Leibes. Neben den derischen Wesenheiten wie dem vier Schritt großen, zangenbewehrten maraskanischen Malmer, den amphibischen Krakenmolchen oder den mächtigen Seeschlangen sind die Niederhöllen voll von den Schergen Charyptoroths: Da ist der Scylaphotai, die Flammenqualle, die mit ihren langen Nesseln das Wasser eines Hafens zum Kochen bringen kann, der eingehörnte Ulchuchu, der als stinkender Algenteppich daran wächst, unachtsame Opfer zu ertränken und zu verzehren, der fünfgehörnte Amrychoth, der die Strömungen des Meeres verändert und ganze Schiffe in Mahlströmen zerdrückt, bis hin zu den achtgehörnten Vhatacheroi, fast sechs Schritt großen Vogelspinnen mit dem Antlitz von Menschen, welche das Wasser unter ihnen brennen lassen wie heißes Öl bei einer Belagerung.
Auch einzigartige Wesen beherbergt diese Domäne der Untiefe, wie den siebengehörnten Turgoth, die Jahrhundertwelle, für dessen Beschwörung sich vor allem die Tränen von Kindern und ertrunkene Delphine eignen und der deine Feinde Woge um Woge vernichten wird, und die achtgehörnte Schamaschtu, die Legenden zufolge nicht nur die Erste, die Fürstin aller Seeschlangen ist, sondern sogar Charyptoroths Erstgeborene selbst. Ihr Bruder, der zehngehörnte Yo'Nahoh, wacht den Geschichten nach in der Gestalt eines neunarmigen Kraken auf Dere über alle Unheiligtümer seiner Mutter.
Geheimnisvoller ist dagegen der Bote aus der Tiefe, auch Elymelusinias genannt. Er ist ein Meister der Verhandlung und wahrlich auch ein Meister, der dir die Lehren der tiefen Wasser näherbringen kann wie kaum ein anderer.
Leider nicht beschwörbar, jedoch äußerst interessant, sind die Rukuubuur, eine daimonide Spezies, die entstand, als Samia von Brabak den Samen eines Ulchuchu empfing und daraufhin die ersten dieser Art gebar. Übermenschgroß und mit pusteliger Haut versehen, sind diese haifischköpfigen Menschengestalten eine nicht zu unterschätzende Gefahr. Die Invokation der Ma'hay'tamim, die ich auch Dämonenarchen nenne, hingegen...«

—Auszug aus einer Abschrift von Borbarads *Metaspekulative Dämonologie*, verwahrt in Portlas Canyziad, dem Hort des *Sacer Ordo Draconis* zu Perricum